消失的印加

BOOK OF THE INCA

重返强大的丛林帝国

[英] 查尔斯 · 金杰 编著
高杨 译

中国画报出版社 · 北京

图书在版编目（CIP）数据

消失的印加 /（英）查尔斯·金杰编著；高杨译
. -- 北京：中国画报出版社，2023.4（2025.5重印）
（萤火虫书系）
书名原文：All About History: Book of the Inca
ISBN 978-7-5146-2189-1

Ⅰ. ①消… Ⅱ. ①查… ②高… Ⅲ. ①印加帝国—通俗读物 Ⅳ. ①K778.2-49

中国版本图书馆CIP数据核字(2022)第216212号

消失的印加

【英】查尔斯·金杰 编著　高杨 译

出 版 人：方允仲
审　　校：崔学森
责任编辑：李　媛
内文排版：赵艳超
责任印制：焦　洋

出版发行：中国画报出版社
地　　址：中国北京市海淀区车公庄西路33号　邮编：100048
发 行 部：010-88417360　010-68414683（传真）
总编室兼传真：010-88417359　版权部：010-88417359

开　　本：16开（787mm×1092mm）
印　　张：12
字　　数：220千字
版　　次：2023年4月第1版　2025年5月第3次印刷
印　　刷：三河市金兆印刷装订有限公司
书　　号：ISBN 978-7-5146-2189-1
定　　价：72.00元

曾经辉煌的印加王国

你即将进入由印加王——“太阳神之子”统治的帝国。他统领千万子民，任何愚蠢的反抗者在他面前都不堪一击。这位伟大的君主说的话就是金科玉律。他的庙宇和宫殿神圣无比。让我们带着他的祝福去探索他的国度，走近他的子民。让我们一道了解印加的历史——从印加文明的缔造者、创世神维拉科查（Viracocha）的宠儿曼科·卡帕克（Manco Cápac）到经天纬地的伟大创造者和丛林的征服者帕查库蒂。漫步在马丘比丘（Machu Picchu）要塞，了解印加文化的历史，惊叹于印加所拥有的高超技艺及其军队的强大。当月亮升起，在印加的著名古道上徜徉若干时日，停下歇脚的时候，就尽情享受这里的美食，体验这里的仪式吧。当我们的旅程结束时，也不要忘记来自大洋彼岸的征服者带给印加的影响，以及他们留下的遗迹。

目录

起源

丛林法则

信仰和农业

注定灭亡的王朝

起源

印加如何从一个部落发展成为称霸南美洲的帝国

19
21

印加的起源

时间之初的神话、历史和交战的部落

亚里沙·伦巴

印加文明在鼎盛时期由千万居民组成。它是新世界最大的前哥伦布时期帝国。最早的印加人出现在秘鲁东南部。印加真正成为一个帝国是在 1438 年之后。这要归功于领袖帕查库蒂（Pachacuti）的领土扩张。1572 年，印加进入全盛时期后不久便落入西班牙人之手。

从 12 世纪开始，印加人用 300 年的时间，从一个规模不大但野心勃勃的山谷部落缓慢发展成了一个伟大的帝国。这些人是谁？他们又是如何发展的呢？

对印加起源最完美的重建（通过口头讲述的方式）详细描述了印加人如何诞生，创世神

曼科·卡帕克在库斯科举行的一个仪式上为王子打耳洞

维拉科查和太阳神因蒂（Inti）如何塑造世界。传说他们强大而孤独。在古老的村庄帕卡里坦普（Pacariqtambo）的一座名叫塔普－托科（Tampu T'oqu，意为“玻璃房子”）的山里有三个洞穴。在那里，印加人的祖先——四个兄弟和四个姊妹按照因蒂的旨意从地下世界出来，在这个地区繁衍生息。他们活着的目的就是陪伴他、崇拜他，按照旨意一路寻找，在一个富饶的家园为他修建庙宇。

传说这些兄弟姊妹的领袖曼科·卡帕克是太阳神的儿子。他的姐姐兼妻子玛玛·奥克略（Mama Ocllo）是月亮女神玛玛·基利亚（Mama Killa）的女儿。曼科、奥克略和他们的兄弟姊妹受到因蒂和维拉科查的派遣，去寻找合适的地方来创立一个帝国。当他们来到适宜的地方，他们所带的金手杖就会牢牢地插进地里——这是一个明确的信号。

经历了20年的游历，他们停在一座山的边缘，俯瞰着库斯科谷。此时，金手杖插进了地里。

▲ 1615年瓜曼·波马制作的帕卡里坦普木雕，描述了这些兄弟姊妹的诞生地——有三个山洞的山

旅途中，每个兄弟姊妹扮演着不同的角色；抵达目的地时，他们各自遭遇了不同的命运：有的毁灭了，有的被落下了，有的被曼科变成了神圣的石头屹立至今。曼科、奥克略和剩下的兄弟姊妹粗暴地制服了他们发现的小部落，宣布统治这个地区。印加文明应运而生。

抛开这个神奇的传说，在现实中这些先祖兄妹代表的是哪个部落呢？他们为什么要移居到库斯科？在他们到来或者说入侵之前，居住在库斯科的又是谁呢？

我们试图把这个传说融入书面的欧洲历史时发现，它的年代和序列模糊不清。这项工作很困难，也可能是徒劳的，因为它更适合作为安第斯地区的口头历史而再现。西班牙人记录时可能会有些混乱、扭曲和让人困惑，这使得破译这段历史变得更加困难。

按照历史学家的说法，曼科·卡帕克可能是历史上的真实人物。如果我们以一种全局的眼光来融合神话和历史，那么这八个象征性的先祖兄弟姊妹可能代表着帕卡里坦普不同部落的人。这些人分化成了不同的阿伊鲁（ayllus，社群）。阿伊鲁陪伴这几个兄弟姊妹寻找肥沃的土地，他们是第一批忠诚的印加人。

我们可以推测，在曼科·卡帕克和他的兄弟姊妹抵达库斯科谷时，那里可能已经有很多不同的民族了。这些民族有时会互相斗争。这个地区

▲ 传说中印加的创始人曼科 · 卡帕克

有着强大的高地社会结构，按照社会阶层划分人群。库斯科谷位于两个更早出现的帝国——瓦里（Wari）和蒂瓦纳科（Tiwanaku）的交界处。在 1100 年左右，瓦里文明历经多次严重干旱之后彻底崩塌。难民蜂拥进入高地，发动抢夺土地和水的资源战。印加人从库斯科谷肥沃的土地获益。乌鲁班巴河（Urubamba River）和逐渐变暖的微气候滋润着库斯科谷，让印加人获得丰硕的收成，不断积蓄力量发展壮大。逃离的部落留下来的道路结构和灌溉系统帮了印加人的忙，让他们在有所倚靠的前提下建立了一个全新的帝国。

▲ 长 724 公里的乌鲁班巴河流经印加神圣谷（Sacred Valley）

► 俯瞰位于库斯科谷的两座山峰之间的库斯科城

这群名叫“印加人”的饥饿旅行者的到来，扰乱了这个安静山谷的和平和均衡状态。当时这个地区的主要部落是当地的瓦拉（Hualla）、索西瑞（Sausiray）、安塔萨雅（Antasaya）和阿尔卡维萨斯（Alcavisas）。他们在 1100 年以前就来到了库斯科谷。

印加部落很可能与库斯科谷其他部落斗争多年后才脱颖而出，同化了那些没有逃走的部落。这些神话背后的复杂细节可从现代的信息中得以印证，如瓜曼 · 波马（Guaman Poma）的《致国王的一封信》。这篇文章虽然疑点很多，却是现存的本地人所写的全面的印加历史之一。

语言和宗教的多元化常被视为对一个强大帝国不利的因素（因为它暗示着分裂）。一个印加起源神话显示，印加人认为，他们到来之前库斯科没有有价值的人类存在。可能正因为如此自大，他们才能轻而易举地掩盖和遗忘：在几个世纪的战争和冲突中，自己也不过是从一个弱小但意志坚定的部族成长起来的。顺着现有为数不多的资料回溯，我们可以推测出印加文明崛起过程中的暴力和血腥。

曼科·卡帕克和玛玛·奥克略出现在库斯科的野蛮人面前。1842年创作于意大利，手绘铜版画，路易吉·格拉尔（Luigi Giarre）雕刻，收藏于朱利奥·费拉里奥（Giulio Ferrario）的《各国人民的古老和现代服饰》（佛罗伦萨，1842年）

曼科·卡帕克

探寻第一个印加王的生平

亚里沙·伦巴

▲ 曼科 · 卡帕克和玛玛 · 奥克略作为文明人出现（曼科和他的妻子首次出现在秘鲁人面前。美国木雕，1848 年）

我们已经探索了印加人的起源，将过去和现在有关印加的历史和神话传说融合在了一起。但印加的第一个重要人物、太阳神之子和族人的领袖曼科 · 卡帕克的故事是怎样的呢？他让人望而生畏，可能还有点儿粗鲁。曼科的形象留存在印加信仰的神话中。他的存在对印加人对文明起源的信念至关重要。历史学家坚信他的存在，虽然目前有关他的信息还很模糊。

据说，曼科 · 卡帕克是印加帝国的创建者和第一位管理者，即印加王。他出生在坦普托科（Tamputoco）古城的游牧民族家庭，属于坦布部落（Tambu tribe）。他的父亲阿普 · 坦博（Apu Tambo）是一个部落首领。父亲去世后，曼科接替他成为了阿伊鲁（在地方政府体制下组织起来的氏族）的首领。阿伊鲁由很多游牧家庭构成，沿着曼科和族人的起源故事中描述的路线

▲曼科·卡帕克，牛皮纸油画，创作不早于 1825 年

▲曼科·卡帕克为其子辛奇·罗卡（Sinchi Roca）授权

迁移，很可能最后到了库斯科谷。他们在库斯科谷与当地部落斗争。与库斯科谷的很多部落相比，曼科的部落很弱小。当地的部落把他们视为入侵者。早期的印加人不得不一次次守卫他们的新城市。在八个氏族成员中，有四位阿雅（Ayar）兄弟，每个人都娶了自己的姐姐做妻子。曼科的妻子是玛玛·奥克略（奥克略意为“纯洁”）。有关阿雅兄弟的传说记载，曼科残暴地一个个毁掉了他的兄弟，把他们困在山洞里或者把他们变成石头（就像他打败敌对的部落那样）。最后，他成为了唯一的领袖。他最后一个存活下来的兄弟阿雅·奥卡（Ayar Auca）在他们抵达库斯科两年之后辞世，曼科就娶了所有的姐姐做妻子。这种继承为这个王朝带来了 400 个王子。而在印加起源神话的另一个版本中，曼科·卡帕克是普通人的儿子。他编造了自己是太阳神之子的谎言。据说，为了哄骗民众崇拜他，他佩戴银盘站在山顶上，在阳光下闪闪发光，给人一种神灵的感觉。

关于曼科·卡帕克颁布的法令，我们了解了一些情况，但真假未知。据说，他制定了一部法典，其中规定废除活人祭、禁止兄弟姐妹通婚，尽管他娶了自己的亲姐姐。据说他诱骗周围的部落融入印加文明，方式是向他们介绍如何取火、耕种和教他们高级的盖丘亚语（Quechua language）。也许是太阳神因蒂怜悯这些未开化的人，因此通过曼科·卡帕克和玛玛·奥克略来拯救他们。

但据我们所知，在曼科和他的追随者到来之前，过去生活在这个地方的部落已研究出了在山地陡坡修建梯田的方法，并获得了丰硕的收成。根据伯尔·卡特赖特·布伦戴奇（Burr Cartwright Brundage）的说法，印加人的到来标志着一段极端种族动乱时期。这些部落，尤其是瓦拉，对曼科·卡帕克把他们从远古以来世代居住的地方驱逐出来心怀怨恨。世代传递的反印加情绪很轻易地被几个世纪之后入侵的西班牙人利用，为其野蛮摧毁印加帝国找到了一个所谓正义的理由。

在行程中，曼科和奥克略的儿子辛奇·罗卡出生了。传说玛玛·奥克略是一个女祭司和拥有奇特能力的变形人，但库斯科人因美貌而喜爱她。虽充满争议，但她仍是曼科的王国核心的实权人物。有很多证据证实了曼科的姐姐兼妻子们的核心地位，她们是支撑曼科·卡帕克的王权地位的女性力量。

据说，曼科的另一位姊妹兼妻子玛玛·瓦卡（Mama Huaca）比她的兄弟更早来到当时还是热带的库斯科谷。她在那里种植玉米，调节季节变化，同时教化人民。当曼科·卡帕克来到这里，他已经被尊为征服者。人们猜测玛玛·瓦卡的真实身份。她到底是曼科的姊妹，还是曼科的母亲兼伟大的大地之母帕查玛玛（Pachamama）呢？

以瓜曼·波马为首的人认为玛玛·瓦卡是蛇族的后代。她与洞穴中的恶魔结合生下了曼科。印加人就从这个洞穴发迹。曼科既是她的儿子又是她的配偶。在这个描述中，她与国王夫妇曼科和奥克略征服的村庄的所有男性村民交配。

▲ 传说中的太阳神的子女曼科·卡帕克和玛玛·奥克略来自的的喀喀湖（Lake Titicaca）。他们执掌和教化了秘鲁的部落

根据口述印加传说形成的这些神话的可信度是值得质疑的，因此直到 1609 年才被梅斯蒂索（mestizo）编年史学家印加·加尔西拉索·德·拉·维加（Inca Garcilaso de la Vega）收录。维加是西班牙人和印加人的后裔，出生在秘鲁，但在西班牙接受教育。他把曼科·卡帕克描述为一个无可置疑的英雄国王。每次书写或讲述这些神话时，细节都有所不同。关于曼科·卡帕克的生平，从没有一个标准的说法。

和大多数古文明一样，尤其是在口述文化中，印加的真实起源不得而知。实际上，印加的“真实”历史仍在被书写。我们目前所知的是世代口口相传，或者刻在石头、陶罐、珠宝和编织挂毯上的故事。讲述印加历史时，神话和真实历史的重合度有多少我们不得而知。随着口述历史的流传，西方史学家视为神话故事的内容和史实之间似乎没有实质差别。印加人将历史理解为不断循环往复的过程，而不是从过去到现在的线性进程。印加人并不认为过去是按时间顺序演进，从一个统治者到另一个统治者的过程。

按照印加传统，这毫无问题，但当试图将其与欧洲编年史相匹配时，就出现了许多空白和模糊的情节。

这些故事中最著名的也许是胡安·德·贝坦索斯（Juan de Betanzos）撰写的。他说着一口流利的盖丘亚语，娶了印加王阿塔瓦尔帕（Atahualpa）的遗孀为妻。阿塔瓦尔帕于 1533 年被西班牙人俘获并杀害。胡安声称会利用妻子和她的家族口头提供的素材，从土著人的角度如实地描述历史。隐藏在黑暗中的东西也许永远不会被发现。

▲ 曼科 · 卡帕克的雕像屹然耸立在瓦萨帕塔公园（Huajsapata Park），俯瞰秘鲁的普纳城

事实上，最著名的曼科 · 卡帕克画像是分别于 18 世纪和 19 世纪创作于库斯科学校的两幅殖民时期画作。在这两幅画作中，曼科手握金手杖，背对着他神圣的父亲——太阳神而立。这位第一代印加王的画像是根据当时的欧洲艺术风格和惯例绘制的，表现出画家对一个伟大君主的想象，而不是曼科出现在印加人面前的真实样子。展现在欧洲人面前的熠熠生辉的古文明让人想起希腊人和罗马人，以及神话、战争、神秘和灿烂，他们的初民宗教和灿烂文明曾达到极致。

讲述秘鲁历史最著名的印加人是瓜曼 · 波马。他创作的木刻插图和撰写的故事以圣经人物和古欧洲传记的形式讲述了曼科、玛玛 · 奥克略和玛玛 · 瓦卡的故事。波马被视为记录印加历史的权威人物。西班牙人侵略印加时他已 80 岁。波马对历史的解读不可避免地因基督教传统而发生了变化。曼科 · 卡帕克的故事的很多内容让人想起圣经中世界的起源。我们不清楚是否在西班牙人到来之前就已经有了这些故事。

我们如何超越西班牙的殖民眼光，将曼科 · 卡帕克同时视为历史人物和神话人物呢？剥离掉西班牙人的描述和从盖丘亚语到西班牙语的翻译（无论是口头的还是书面的），我们还能了解曼科吗？当代土著秘鲁人是如何看待和描述他们的祖先的呢？他们能用自己的方式来做这件事吗？

讲述曼科 · 卡帕克的故事带来了更多问题，揭开了历史记录中的更多模糊信息。我们知道的

玛玛·瓦卡到底是曼科的姊妹，还是大地之母帕查玛玛?

关于太阳神之子曼科·卡帕克的事是他为后世留下了不朽的遗产，让人们能感知到他的存在，虽然他生平的细节已无从考证。

曼科·卡帕克在他的新家园自然死亡，由他与他的姐姐兼妻子玛玛·奥克略的儿子辛奇·罗卡继任。在他死亡的地点建起了一座太阳神庙，里面存放着他的干尸。后来，他的干尸被移到的的喀喀湖的蒂瓦纳科庙（Tiwanaku temple）。他有400个子女来延续他的血脉，成就了一个伟大的王朝。

在库斯科，人们为纪念他而修建了一座雕像。胡利亚卡城（Juliaca）的机场（印加曼科·卡帕克国际机场）以他的名字命名。西班牙神学家、历史学家和医生塞巴斯蒂安·洛伦特（Sebastian Lorente）在1860年创作的《安提瓜和秘鲁历史》（*Historia Antigua del Peru*）中写道，开明的改革家曼科·卡帕克一定出生于秘鲁，因为他身上有秘鲁民族精神的痕迹。

▲ 圣经风格的曼科·卡帕克木雕像，出自费利佩·瓜曼·波马·德·阿亚拉（Felipe Guaman Poma de Ayala）的编年史（约1615年），美洲博物馆

▲《对曼科·卡帕克的崇拜》，作者未知，拉普拉塔（La Plata），玻利维亚，1616年完成

印加贵族的服饰

秘鲁，15 世纪

隐藏一个秘密

印加的贵族会像孩子一样绑头，这样他们的头骨就会变长。这种头型被视为身份的象征和区分贵族和平民的方法。他们也会佩戴带有流苏穗儿的头饰以及金银王冠。他们的发型一般前短后长。

长外衣

印加的男性贵族身裹及膝的腰布，外罩彩色的束腰外衣，腰间有不同的图案设计。而女性穿长连衣裙，肩部别着肩带。带有装饰物的高品质小羊驼布料是身份的象征。羽毛是极其珍贵的装饰物。身后披的大氅是寒冷天气的绝配。

对黄金的喜爱

黄金首饰因其外观漂亮和具有象征意义而受到印加贵族的青睐。黄金被视为太阳的象征。贵族们在颈部佩戴硕大的黄金吊坠来彰显自己的身份。他们在鞋、手腕和头上装饰其他饰物。此外，银是月亮的象征，也是极为珍贵的饰物。

个性化的物件

除了用背包来装个人物品、护身符和可可树叶之外，从军的贵族还会携带一块装饰其部落颜色的布织物包裹的盾牌。一般来说，贵族主要在行政机构供职。他们的生活要比底层的普通人好很多。

小配饰

为更加引人注目，印加贵族会在膝盖以下或脚踝附近佩戴羊毛或棉花做的彩色流苏。他们会穿用棉花、野生植物和羊驼皮做的凉鞋。

尖锐的武器

对印加贵族来说，被选中服兵役是一种荣耀，也是一种责任。他们手持一种像戟一样的兵器图帕尧（tupa yauri）。这种兵器由铜铸造而成，上面饰有羽毛。身份极为尊贵的贵族手持的武器是金或银打造的。

听好了

所有的贵族12岁开始打耳洞，戴沉重的耳饰。这是贵族的显著标志，但是会让耳垂变形下垂。西班牙人因此叫印加人奥雷洪（orejones），即“大耳朵”。

经天纬地之人

帕查库蒂，第九代印加王，扩张了帝国版图，
缔造了一个有凝聚力且管理严密的国度

马克·德桑蒂斯

四方之国

印加帝国从一个小部落发展成为跨越庞大疆域、统治众多外族人的伟大帝国。印加帝国从位于现代秘鲁的安第斯山谷中的库斯科城开始不断向外扩张，直到成为广大疆域的统帅。印加人将自己的国度称为塔万蒂苏尤（Tawantinsuyu），盖丘亚语意为“四方之国”。这个名字恰如其分。印加帝国正是从如今北部的厄瓜多尔（Ecuador）的基多城（Quito）一路延伸到南部的智利（Chile）的马乌莱河（Rio Maule），覆盖了如今秘鲁、阿根廷和玻利维亚的大片土地，人口近千万。

印加人建立了成熟的管理体系，修建了互联互通、定期维护的道路网络。在哥伦布到来之前，四方之国是美洲最大的国度。

缔造四方之国最大的功劳应归于九世王尤潘基（Yupanqui）。他被世人所知的名字是他的加冕名帕查库蒂——经天纬地之人。这可谓是实至名归。自15世纪初掌权以来，帕查库蒂的确震动了整个安第斯世界。

一个印加王子

印加的起源可以追溯到尤潘基出生前近两个世纪，即1200年左右。这些生活在安第斯山脉的居民认为，库斯科城是他们的第一代王曼科·卡帕克所建。印加崇拜的最主要的神之一是太阳神因蒂。他在四方之国的建设中起着至关重要的作用。

印加流传着一个传说，即有一天因蒂在年轻的尤潘基面前现身。当时尤潘基还只是一个王子，甚至连王位的直接继承人都不是。他的兄长乌尔科（Urco）之前被他们的父王——当时的印加帝国的统治者维拉科查册立为王位继承人。乌尔科已经是实际意义上的小国王了。尤潘基见到因蒂后非常震惊。因蒂的手臂被蛇包裹住，尤潘基在恐惧中逃离了太阳神。太阳神召唤他并告诉他，他将来会征服很多国家。太阳神继续告诉尤潘基，未来在一面魔镜的帮助下他将征服哪些地方。

尽管如此，尤潘基当时的前景仍然很灰暗。但不久这一切就发生了变化。乌尔科可能成了尤潘基自我宣扬的牺牲品。据说乌尔科对执政毫无

17 世纪画作：缔造了四方之国的伟大的帕查库蒂

兴趣，相反，他沉迷于女色。虽然乌尔科被册立为王储，但他实在配不上这个位子。他逃避责任，让弟弟尤潘基在他沉迷于声色犬马时监管库斯科。这个时候他们的父亲维拉科查已经让位，让乌尔科管理这座都城，他自己在库斯科附近的神圣谷（乌鲁班巴河谷）的皮萨克（Pisac）堡垒里生活。

▲ 八世印加王维拉科查于 1438 年被帕查库蒂废黜并取而代之

乌尔科的懒怠让库斯科城变成一盘散沙，让帝国的很多主将灰心丧气。这些武士希望征服库斯科周边的土地，因此不能接受乌尔科漫不经心的态度。近 20 位将领策划了一场政变来废黜他。这时两个王都不在库斯科，他们所到之处如履平地。

然而，这并不意味着库斯科没有外部威胁。昌卡（Chanca）人是来自乔克洛寇查地区（Choclococha）的山地人。他们与盖丘亚人（印加人本身就说盖丘亚语）比邻而居，在 15 世纪初不断扩张领土。昌卡人的成功也包括在征战盖丘亚（Quechua）时大获全胜。这让他们与库斯科的距离缩短到可攻击范围之内。

1438 年，昌卡的一支大部队向库斯科进发，在威尔卡康加（Vilcaconga）关隘停住，叫嚣着让印加人投降。维拉科查和乌尔科急忙赶回库斯科，但只是狼狈地组织了一场向尤卡伊河谷（Yucay Valley）的大规模撤退。

出现这次危机后，密谋政变的人只能改变计划。他们面临两个选择：和两个王一起走，与他们同呼吸共命运；上阵去与敌军拼命。他们选择了后者，而他们推选的带头人就是尤潘基。

▼ 萨克塞瓦曼堡垒（位于印加都城库斯科附近，据说是帕查库蒂下令开始兴建的）

由于急需更多士兵，尤潘基到处征兵。昌卡的扩张也威胁到了其他部落，如盖丘亚、艾马拉（Aymara）和科塔帕玛（Cotapampa）。他们都积极响应这位王子的召唤。尤潘基又从卡纳（Cana）和参查（Cancha）招募了一些雇佣兵。他最后在库斯科组建的军队是由不同力量快速集结的一支队伍，取胜的希望很渺茫。与此同时，势如破竹的昌卡部队已逼近库斯科。

昌卡的袭击很快就真正开始了。一个密探给印加人带来了昌卡人的动向的情报，印加人得以提前准备。尽管如此，昌卡人来犯时，并不是所有的印加人都武装起来了。有些居民慌忙逃到山里，但也有一些居民与坚定的指挥官站在一处。尤潘基没有在库斯科的堡垒中避难，而是直面昌卡人——他不会像他的父兄一样放弃这座都城。第一天的战斗不分胜负，但尤潘基得到了一些增援。第二天清晨昌卡人再次来攻，出兵这座被包围的城市。尤潘基肩披美洲狮皮（美洲狮因其强大的力量而广受印加人崇拜）亲自率兵出征。一场可怕的战争一触即发，士兵血流遍野。印加人后来把这个地方命名为亚瓦尔潘帕（Yahuar Pampa）：血战之地。

从某种程度上说，昌卡陷入了恐慌。也许他们已丧失了战胜尤潘基和他的部队的希望。无论是什么原因，最后他们逃跑了。但印加人穷追不舍，浴血奋战了 9 公里后，这支昌卡部队被全歼。

尤潘基是库斯科的救星。最后，他又在伊丘帕帕（Ichupampa）大败昌卡部队，削弱了他们的势力。更紧迫的是，他要去他父亲和兄长躲藏的尤卡伊河谷处置他们。尤潘基在保卫王国方面的作为无疑要比他的父亲和兄长更英勇，他因此赢得了人民的敬仰。乌尔科被剥夺法律权益，最后在与尤潘基的拥护者的打斗中死亡。

尤潘基没有在库斯科的堡垒中避难，而是直面昌卡人，他不会放弃这座城市。

这位胜利的王子强迫维拉科查退位，自己取而代之，成为九世印加王。在他的加冕礼上，他为自己取了加冕名帕查库蒂，即“经天纬地之人”。维拉科查被公开羞辱，在大庭广众之下被迫喝用装粪便的罐子装的吉开酒（一种常见的印加饮品，用咀嚼玉米籽粒形成的糊状物发酵而成）。软弱无能的父亲一朝声名扫地，而帕查库蒂成为名正言顺的印加王。

扩张帝国

帕查库蒂的野心远不止坐上王位。按照太阳

▲ 帕查库蒂跪拜太阳神因蒂

▲ 神圣谷的皮萨克堡垒废墟的一部分

神因蒂的指引，他启动了一系列军事行动，最终将印加帝国的版图向北扩展到秘鲁在安第斯山脉的高地，向南扩展到的的喀喀湖岸边，即如今的秘鲁和玻利维亚的边境。

帕查库蒂的军事行动与过去的印加王有所不同。过去的印加王习惯发动突袭，一路抢掠，最后回到印加国。而如今，发动战争不只是为了抢夺战利品，还能完成帝国版图的永久扩张。帕查库蒂还丰富了印加文化，使其贴近其他帝国的习俗。这种做法增进了外来族群对印加的认同感。

为让自己的征服之路更畅通，帕查库蒂采取了恩威并施的政策。他知道如何威吓敌人就范，也会给自愿俯首称臣的敌人足够的好处，包括赠礼和赐予勋位。

执掌帝国

帕查库蒂明白，执掌一个帝国和赢得一个帝国同样重要。1463 年，他将操控印加军队的权力让给他的儿子托帕·印加（Topa Inca），这样他就可以把所有的精力放在执掌帝国上了。

此时的印加帝国涵盖了众多被征服的新部落，而这些部落又清醒地记得自己独立时的日子。对这样一个国度来说，预防叛乱至关重要。为阻止叛乱，帕查库蒂采取了柔和的文化政策。他允许被征服的部落保留自己的信仰，但同时要求他们将对太阳神因蒂的信仰纳入其宗教行为中。

然而，帕查库蒂的政策并不总是受欢迎的。他会大规模驱逐居民，目的是把有反叛倾向的人转移到帝国的其他地方。理论上来说，他们在那些地方对社会的不良影响会有所降低。帕查库蒂会在这些人腾出来的地方引进新的、忠诚的居民。这些新来的居民有时候可以协助监管这些地区，或者担当边防守关的重任。

帕查库蒂声称自己是太阳神因蒂的后人，他

本人也被视为神的一部分。为匹配这样一个绝无仅有的帝王身份，他出行时极尽奢华。他乘坐金轿辇来彰显自己的优越性，并拉开他和哪怕是他手下最有权力的臣子之间的地位差距。接近他的人必须赤足低眉，在后背上背上一点儿什么东西，表示对印加王的尊敬。

和其他帝国一样，印加也要求国民纳税。帝国的每个地区每年都要进行一次人口普查，从而决定应缴税款的数额。由于印加没有货币经济（印加没有货币），因此纳税的方式是提供物品和服务。帝国的所有土地和财富都被分成三份，其中一份归居民所有，一份献给印加王，最后一份献给神明，即由祭司占有这些物产。在印加，个人财产的范围有限，包括工具、衣物和珠宝。

普通人无须为对自己无益的事物纳税。在一个工业化之前的农业社会，粮食安全总是让人忧心。省级城市通过修建仓库来强化粮食安全。这些仓库中有每年庄稼收成的一部分。贫穷的寡妇、病弱者、孤儿和其他需要关爱的人可以从仓库中获取食物。

为放慢走向奢靡的脚步（腐化臣民的必经之路），帕查库蒂禁止人们戴羽毛饰物或者穿羊驼毛制成的衣服，限制人们消费吉开酒。作为补偿，帕查库蒂允许臣民在新月出现时放三天假。

帕查库蒂制定法律措施的初衷是确保违法者（无论违法行为多微小）得到应有的惩罚。被指控的人在执法期间仍然可以享受应有的权利。他对此很执着，有时会亲自出面干预，以确保一切顺利。他还为每种罪行制定了详细的惩罚措施。

帕查库蒂制定法律措施的初衷是确保违法者得到应有的惩罚。

▲ 九世王帕查库蒂——经天纬地之人的 17 世纪画像

按照印加法律，对违法行为的惩罚可能很可怕。叛国罪不被判死刑也会被挖一只眼。通奸者会被严刑拷问，甚至受石击毙刑。偷窃是死罪。懒惰也可能受罚，受以鞭刑，也可能是被处死。

这位国君对经济事务也很感兴趣。他的主要目标是促进粮食生产。然而，因为印加帝国接纳了这么多说不同语言的居民，所以很难管理。官员和操不同口音的普通农民之间不可避免地出现了沟通不畅的情况。

帕查库蒂对此的解决方案是指定一种标准语言，也就是他的母语盖丘亚语。这样印加国的居民交流起来就更方便了。为加快盖丘亚语传播，他让说盖丘亚语的人去到各省学习当地语言，同时教当地人盖丘亚语。

四方之国的堡垒

印加人用几座规模庞大、结构复杂的堡垒来保卫不断扩张的帝国的核心

印加帝国幅员辽阔，跨越将近 300 万平方公里，人口近千万。保卫帝国（印加人所谓的“四方之国”）安全的任务异常艰巨。以库斯科为都城的印加帝国要倚赖防御系统来掌控广阔的疆域。这种防御系统是通过 3 万公里长的道路网构建起来的。

保卫印加核心区域最重要的堡垒之一是萨克塞瓦曼堡垒。据说它是九世印加王帕查库蒂下令开始兴建的。它可能是印加最大的城堡。堡垒距库斯科很近，用巨大的石块修建而成。堡垒建在一座圆形的陡峭山顶上，包括三座高塔和三个 Z 形多层防御阶地。16 世纪征服印加帝国的西班牙人擅长修建堡垒，连他们都对这座城堡艳羡不已。

在对印加帝国具有重要战略意义的神圣谷，还有两个大型防御工事。在距库斯科将近 60 公里的一端屹立着皮萨克。这座堡垒守卫在维尔卡诺塔河（Vilcanota River，乌鲁班巴河的一部分）峡谷旁，包含一系列结构，如塔楼、防御阶地、营房和一些其他建筑。

在更远一些的地方，即神圣谷的另一端，距库斯科近 74 公里的地方矗立着奥扬泰坦博（Ollantaytambo）。和皮萨克一样，这座堡垒也有防御阶地，有 11 个之多。堡垒的西北面天然防御不足的地方建有高墙。

距离库斯科约 80 公里的马丘比丘从一座高山顶端守卫着乌鲁班巴河。和皮萨克与奥扬泰坦博一样，马丘比丘也建有防御阶地和高墙，还有一条干涸的护城河。马丘比丘因“失落了”几个世纪而闻名于世。据推测，它可能是帕查库蒂本人修建的。随着印加征服的浪潮，它的战略意义消失了，也就被遗弃了。这座堡垒于 1911 年被世人再次发现。

▲ 巍峨的马丘比丘是失落了几个世纪的印加堡垒，它可能因印加帝国的进一步扩张而被人遗忘

▲ 帕查库蒂的继任者托帕·印加在安第斯地区继续他父亲的帝国征伐

最后的日子

没人能长生不老，印加王也一样。帕查库蒂于 1471 年辞世，他的儿子托帕·印加执掌帝国。托帕进一步开疆扩土。他当政时印加帝国的版图比他强大的父亲在位时还要广阔。西班牙人 16 世纪闯入美洲之前，四方之国始终是美洲最伟大的国度。

印加没有文字，因此我们了解到的帕查库蒂历史主要源于印加人口口相传的故事。征服这片土地的西班牙人后来记录下了这段历史。因此，有关帕查库蒂的很多故事的真实性很难评估。

不管怎样，可以确定的是，帕查库蒂功绩盖世，堪称世界最伟大的君王之一。这位经天纬地之人为后人留下了一个曾经广阔、强大、治理有序的国度。纵观历史，鲜有统治者能与之匹敌。

▼ 神圣谷是进出库斯科地区极其重要的路径，每一面都有主堡垒守卫

死亡面具

它的蓝眼睛似乎在紧紧地盯着你。这个黄金丧葬面具可以追溯到奇穆文明时期。奇穆人认为人死之后还有生命，因此会把死者做成木乃伊，与工具、陶器和其他特殊用品一起埋葬。

马丘比丘 空中之城

世界上最神秘的历史遗址之一是如何建成，
又是如何毁灭的？

亚历克斯 · 霍斯金

很久以前，探险家海勒姆 · 宾厄姆（Hiram Bingham）不惜一切代价去寻找失落之城。为找到比尔卡班巴（Vilcabamba），他在别人的指引下踏过石路，穿过林下灌草层，甚至身临险地，但结果不尽如人意。他没有找到这座著名的印加失落之城。然而，1911 年 7 月 23 日，当地一个名为梅尔乔 · 阿特亚加（Melchor Arteaga）的农民通过宾厄姆的盖丘亚语翻译告知他，山里有很多未被任何专家探及的遗迹。他用手指向宾厄姆身后若隐若现的云雾环绕的山峰，他所说的就是意为“古老的山峰”的马丘比丘。

01

为何修建马丘比丘?

观点：作为太阳神的修女的修道院

马丘比丘出土了约 100 具尸骨。骨骼学家乔治·伊顿（George Eaton）发现，其中约四分之三都是女性。这个发现引出了这座城是为太阳神的修女所建的观点。太阳神的修女是为太阳神因蒂效命的女性领袖。然而，现代分析却发现这些尸骨中有一半是男性。

马丘比丘的宝藏

目前发现的人工制品让我们对这个遗迹及曾经生活在这里的人们着迷

奇普

印加人没有文字。他们创造了管理人和物的一套巧妙的体系——“奇普”（Quipu，由一系列绳结组成的系统）。绳结的样式代表数字；绳结之间的距离是 10、100、1000 的倍数。

铋铜仪式用刀

由海勒姆·宾厄姆在马丘比丘遗迹考古挖掘时发现。这是马丘比丘独有的一种器具。这件刀具因以铋铜合金打造而引人注目。这也是最早的铋铜合金器具之一。

礼罐

马丘比丘似乎有无限的奥秘等着世人去挖掘。2012 年发现的这个罐子是奇穆文化的遗物，造于 1000 年前。它被认为是献给马丘比丘的祭品。

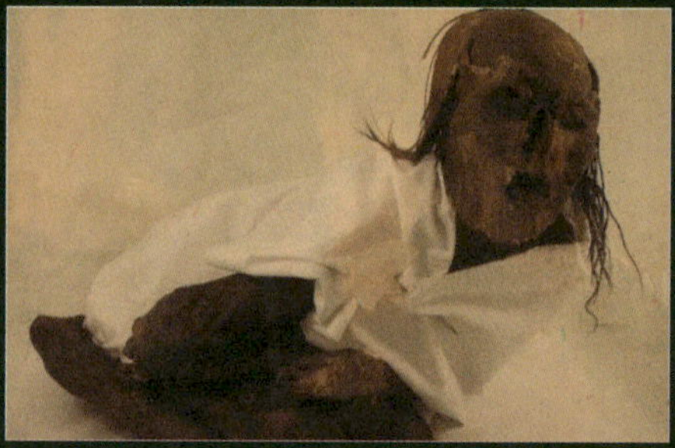

干尸

在马丘比丘附近的图帕克·阿马鲁（Tupac Amaru）出土。这些干尸的存在意味着存放尸体也是印加文化的一部分。有些包裹中存放了不止一具尸骨。

双柄球形瓶

这个双柄球形瓶是一个较大的壶形容器，主要用来盛放液体和油。壶底为圆锥形，可嵌入地里用于存储。这种瓶常饰有氧化橙色素和几何图案。

第二天早晨，冒着浓密的毛毛雨，呼吸着越来越稀薄的空气，阿特亚加带着宾厄姆和翻译深入这座古老的山峰。这次探险的其他成员包括耶鲁最好的一些考古学家，他们认为这条未知的路线不会有什么收获，因此没有一同前往。在陡峭的山路上艰辛地跋涉后，阿特亚加他们来到当地农民居住的一间小屋。阿特亚加对一个男孩儿说了几句话，这个男孩儿向宾厄姆和他的同伴示意，让他们跟着他走。从这间小屋出发，他们沿着雨水浸湿的树叶堆叠的小路走了几分钟，之后第一次亲眼见到了它：马丘比丘城遗迹。

在正前方数百英尺[1]的地方，他们看到了巨大的石屋阵——被遗弃了几个世纪，如今已经荒废，但仍能看出古文明社会的痕迹。即使自荒废以来，无数的藤蔓和树枝将其覆盖，宾厄姆也知道这是印加石制建筑无疑，他确定这就是他们一直在寻找的地方。比尔卡班巴不会再蒙尘了。然而，这并不是宾厄姆想象中的地方，而是一个富有争议的更重要的地方。他一直在寻找的城市——比尔卡班巴其实早已找到，但他觉得那个地方不够宏伟，因此放弃了。比尔卡班巴其实就在精灵谷（Espiritu Pampa）。宾厄姆终生都认为他在马丘比丘发现的遗址就是比尔卡班巴。虽然事实不是如此，但他在那里发现的遗迹和人工制品为了解印加社会提供了巨大帮助。这个遗址目前仍是一个非常著名的地点，人们为围绕其历史的大量谜团而着迷。

马丘比丘遗址位于库斯科西北方约 80 公里处，高耸在海拔 2350 米的安第斯山山脊上，俯瞰乌鲁班巴河。遗址处于两座更高的山峰——马丘比丘（指“古老的山峰”，遗址因此而得名）和华纳比丘（Huayna Picchu，指“年轻的山峰”）之间。印加文明最具价值的发现就是从这里得来的。然而，这个广阔且颇具考古价值的遗址为何始终未被探险家、历史学家甚至西班牙征服者触碰，直到如今才出现在世人面前呢？宾厄姆中了头彩，但印加历史的迷人宝藏在为世人展现古文明的同时也引出了很多问题，其中最大且最重要的是这座令人惊艳的建筑是由谁打造，又是为何而打造的呢？

02

为何修建马丘比丘？

观点：作为堡垒

大量坚固的建筑结构，如墙、塔楼和防御工事，乃至干涸的护城河都指向一个可能，那就是马丘比丘是作为堡垒修建的。修建堡垒的需求可能源于过度干旱的气候使得水源成为一种珍贵资源。而当可以从别处取水时，马丘比丘就被遗弃了。

▲ 太阳神大祭司地位仅次于国王

1　1 英尺约为 0.3048 米。

发现马丘比丘之后的几年，甚至几十年，关于它的各种猜想层出不穷。由于印加没有书写体系，因此没有留下帮助我们理解印加历史的任何书面信息。从具有宗教意义的假设，到思考是什么样的冲突激发人们在高海拔地区修建堡垒，任何一个看似合理的观点都被考虑在内。现代科学可以对包括约 100 具尸骨在内的出土文物进行更精确的分析，有些猜测因此被质疑，如该遗址是太阳神的修女的修道院。如今人们普遍认为，这座遗址是印加王帕查库蒂下令修建的，作为王室的行宫和政府的前哨。

帕查库蒂是印加王国的杰出建筑专家。他希望建一座城市来稳固他在秘鲁乃至玻利维亚边界的大本营。因其不断扩张的野心，人们常把帕查库蒂与马其顿的菲利普二世（Philip II）相提并论。在 1438 年至 1471 年的统治期间，他极大地扩张了印加帝国的版图。在他的儿子和继任者托帕·印加·尤潘基（Topa Inca Yupanqui）的进一步努力下，印加帝国的疆域扩展到如今的秘鲁南部和厄瓜多尔的基多。

他们降服敌人的方式不总是暴力和侵略。他们会通过一些巧妙的手段或者协商的方式来吸纳其他社群加入印加帝国，而不是靠武力强取（尽管在敌人顽固抵抗的情况下，帕查库蒂不会妥协，他绝不手软）。

加入印加“联盟”可以为一个社群带来很多好处，如接触奢侈品和贸易，更不用说使用印加著名的横越南美洲 3 万多公里的道路系统了。作为回报，帕查库蒂的帝国也会受益于相应地区的土地、商品和服务。

当海勒姆·宾厄姆看到马丘比丘的建筑时，他知道这些都是印加的建筑。印加人高超的工程技术颇具革命性，令人印象深刻，因此他们被称为“新世界的罗马人”。而在马丘比丘，我们仍能看到古印加人建造的一些最独特的建筑。石块间不用灰浆粘合，每个砖块都是统一尺寸。马丘比丘所用的这些建筑手法都是典型的印加风格。由于没有使用灰浆，整座建筑可以轻微移动而不会碎裂。这是抵御频繁地震的巧妙手段。所有石料都是精准切割，从而严丝合缝地拼接在一起。当时没有现代机械，所有工作都是徒手完成的。

当时的工匠切割出了大量相同规格的花岗岩砖，最有可能的方法是用一块石头凿开一摞石板。然而，找到一块足够坚硬的石头并非易事。尽管花岗岩容易出现裂缝，但它也是比混凝土还要坚硬的一种材料。反复撞击会让大多数工具破裂。

宾厄姆在秘鲁的班巴科纳斯（Pampaconas）。1911 年探险接近尾声时他发现了马丘比丘城

印加人在梯田上收获土豆

尽管人们普遍认为是宾厄姆发现了马丘比丘，但也有其他人声称自己是第一个发现马丘比丘的人

马丘比丘的多雨天气也决定了这个地方易受泥石流影响，而打磨石料时剩下的碎石可以用来帮助排水，为经常性的潮湿天气提供了灵活方便的解决方案。如今，工程师仍会检验马丘比丘的建筑，从而为改善全球易受地震影响地区的建筑结构提供借鉴。在很多当代建筑已倒塌的地方，马丘比丘屹然矗立了几个世纪。

我们可能不知道当时是什么人做了这个重复的、耗费体力的凿石块的工作，但我们知道的是帕查库蒂一定有足够供他驱使的劳动力。

▲ 人们认为是帕查库蒂下令修建了马丘比丘

据估计，修建马丘比丘的人数约为5000人。这个数字已经很庞大了，因为马丘比丘建成之时只有近1000人居住，而其他工人的去向和马丘比丘城一样扑朔迷离。古城中有各种用途的建筑物，包括警卫室、监狱、供奉太阳神和神兽的庙宇和喷泉，但最多的还是普通人的住宅。要探究究竟是谁建了这些建筑，可能居住在其中的人是最好的突破口。

最早居住在这里的1000个居民大部分都是亚纳科纳（yanacona）——为印加贵族阶层服务的人。马丘比丘是王室行宫，亚纳科纳人负责保证一切都按照帕查库蒂所期望的那样运行。他们的工作包括耕种整齐排列的梯田，接待帕查库蒂和其他贵族，管理这座城市，维护各种建筑和为贵族阶层服务。这座城市可能和维多利亚时代的英国豪华住宅的运作模式一样（只是规模更大），或者可以和如今的皇家住宅相媲美。如今像白金汉宫这样的皇家宫殿雇用着将近200名员工，因此不难想象在古代更加集权的印加社会，国王可能需要雇用1000名仆人。

"世外桃源"这个词常用来描述马丘比丘。但它常给人一种误导，让人以为这个地方是专门用来休养的。帕查库蒂和贵族阶层当然不可能长期住在这里。这个地方不是印加上流阶层的度假村，而是一个行政中心。它是印加社会和统治的中心，亚纳科纳人通过履行社会职能来推动马丘比丘的运转。亚纳科纳这个群体主要是下层社会的人，其中有些是本地人，也有很多是从印加帝国的边界迁移过来的。马丘比丘出土的尸骨牙齿矿物组成研究结果显示，这里的某些亚纳科纳人来自遥远的玻利维亚边界的的喀喀湖附近和南美北部的高地。

有些亚纳科纳人只是在这里短期工作，但很多亚纳科纳人是在此长期居住，这可能意味着他们要远离家人外出谋生。为留住这些劳动力（可能更重要的是他们的忠心），印加的统治阶层需要给他们一些好处，其中包括像纺织品这样的礼物和土地。他们获得了应有的荣耀和尊重。这里出土的尸骨没有做过重体力活儿的痕迹，因此有理由相信，这些人背井离乡、长途跋涉来到这里工作也是心甘情愿的，因为印加的君主给了他们一种受尊敬和舒适的生活。

马丘比丘以一种惊人的速度修建并蓬勃发展起来（持续了将近 100 年，考虑到修建这座城市时复杂而又费时的工程，它使用的时间过于短暂）。下令修建马丘比丘的人显然希望它能发展长久。马丘比丘建在最具精神意义的土地上。遍布各地的祭拜太阳神的庙宇和与二至点（夏至、冬至）对齐的定位都彰显了马丘比丘的精神境界，即使这可能不是修建它的主要目的。马丘比丘废弃的原因我们不得而知。如今的马丘比丘和人们逃离它时别无二致。那么，当时的人们为何要放弃这样一座宏伟的堡垒呢？

在解释印加人为何离开马丘比丘的所有说法中，普遍得到认同的是在帕查库蒂的儿子托帕·印加和孙子瓦伊纳·卡帕克（Huayna Cápac）统治期间，印加社会的发展达到了巅峰并由此开始衰落。由于王位继承出现问题，印加爆发了内战。瓦伊纳·卡帕克的两个儿子瓦斯卡尔（Huáscar）和阿塔瓦尔帕（Atahualpa）为争夺统治权而战。西班牙人抓住了这个时机，于 16 世纪征服了整个印加社会并将其殖民化。像西班牙长官法兰西斯克·皮泽洛（Francisco Pizarro）这样的征服者随时准备从这种激烈争斗中渔利——他们如愿以偿了。

03

为何修建马丘比丘？

观点：纪念这神圣的风景

关于马丘比丘用途的很多观点都和它令人惊叹的选址有关。马丘比丘建在一座山峰之上，印加人称为“圣河”的乌鲁班巴河环绕其四周。这个选址最初可能是作为祭拜周围神圣景物的庙宇之地，因为其高海拔可以让它距太阳更近。

▼ 宾厄姆于 1912 年拍摄的马丘比丘

印加人的家

马丘比丘的亚纳科纳人住在简陋的房子里。一般一个家庭只有一间屋子

门

印加房子的门都很窄，一般是拱门，上面或者覆盖着小毯子或者什么都没有。由于印加人盖房子不用灰浆，所以门洞要窄一些。

台阶

在马丘比丘，有些最引人注目而又让人困惑的结构是用一整块花岗岩切割出的石制台阶。这里也有传统的用多个石块堆叠而成的台阶。

屋顶

和我们如今的房屋一样，印加房屋的屋顶也有一定的坡度，以便排水。由于马丘比丘的降雨量很大，所以这个设计尤为重要。屋顶上铺着麦秆或野草，下面是木制结构。

窗户

印加房屋的窗户很小，阳光很少能透进来。

宗教物品

作为印加社会的组成部分，宗教物品包含纪念物、祭祀用品和珍贵的小雕像。它们存放在房屋墙壁的隐蔽处。

钩子

印加房屋内没有像衣柜或者橱柜这样的存储空间，而是装设了一些木制或骨制的钩子来挂衣服和其他纺织物。

火

每座印加房屋的中央都有火，用来为石制房屋取暖，方便人们做饭和烧水。印加人崇拜火，火是印加文化的重要元素。

不舒适

就我们所知，印加房屋里没有家具。印加人要睡在地上，只有一条毯子和枕头。同样，他们吃饭的时候也要坐在地上。

马丘比丘似乎是有序被遗弃的，甚至在西班牙人到来之前就已经开始了，原因是这些保存完好的住所没有任何发生过战争的痕迹。如果西班牙人当时发现了这座城，在侵占时为什么没有毁坏它？没有历史记录显示西班牙人对马丘比丘做了什么。事实上，很多历史学家认为由于印加人的幸运，西班牙人根本没有发现马丘比丘。

另一种比较合理但较难佐证的理论认为，欧洲殖民者把天花这样的疾病带到了马丘比丘，印加人不幸染上。这个完全由南美人兴建并治理的社会根本无法抵御如此猛烈的疾病。也有可能这1000 个居民没有全部染病，其中很多人在疾病肆虐时就搬走了。但没有足够证据证明，马丘比丘人是否因为这个原因而遗弃了这座城市。

马丘比丘的奥秘是让它成为世界上最受欢迎和向往的地点的原因之一。如今，马丘比丘被联合国教科文组织列为世界文化遗产。对马丘比丘的尸骨、人工制品和遗址的研究仍在进行。

我们解读印加社会、印加人的生活和马丘比丘被遗弃的原因时，必须接受一个事实，即关于马丘比丘总会有很多难以解答的问题。这就是全世界迷恋秘鲁的这座天空之城背后的秘密。

西班牙人来到南美之后肆无忌惮地破坏，但幸运的是，他们似乎从未发现马丘比丘

04

为何修建马丘比丘？

观点：外星人造访

有些超常事件的狂热追随者认为，很多历史谜团都是外星人造访带来的。这种理论对大多数知情人士可能毫无吸引力，但对普通人却非常引人入胜。超自然主义者艾利希·冯·丹尼肯（Erich von Daniken）主张，很久以前外星人为原始人带来了文明，其中可能包括马丘比丘的石制建筑。

因为印加没有货币，所以印加人互相交换物品和服务

专家意见

马丘比丘为我们带来了关于印加生活的哪些启示？

简介

约翰·亨明（John Hemming）博士

在对南美进行了 50 多年的研究和亲身探索之后，约翰·亨明博士撰写并出版了 11 本关于南美和印加历史的书籍。

除了被列为世界上最美、最震撼的遗址之外，马丘比丘对了解印加社会有着极其重要的意义。它是帕查库蒂的杰作。帕查库蒂是一位敢于革新的统治者。他带领印加开启了一个世纪的扩张，彻底改变了印加的宗教、政府、建筑和规划等。马丘比丘是第一座，也是最完美的一座建于印加都城库斯科附近的王室庄园。然而，作为王室居所，马丘比丘对印加人的意义不如如今的巴尔莫勒尔（Balmoral）堡对我们的意义。

马丘比丘建在一块处女地上。这里在帕查库蒂去世后就荒废了，也从未被西班牙人占领。因此，马丘比丘为考古学家提供了完整的王室住所的物品和人工制品。海勒姆·宾厄姆把这些东西带走研究。而它们在一个世纪之后才物归原处。这些东西品质很好，虽然外观没有令人惊艳的美感，却让世人看到了印加上层人士生活中使用的物品的样子。

◀ 奇穆复杂的形象设计代表着他们的历史和民俗

征服奇穆王国

奇穆王国这样庞大而又精密的帝国
是如何败给印加帝国的呢?

本 · 盖泽

如今秘鲁太平洋沿岸的沙漠是地球上气候最恶劣的地方之一。那里平均每30年才降一次雨，荒漠无边无际，寸草不生。在900年至1470年左右，这个地区是美洲最庞大帝国的疆域。奇穆人和他们的奇穆王国在这个恶劣的环境中发展壮大，让沙漠地区繁荣发展起来。

奇穆的起源

莫切山谷（Moche Valley）只是这个地区众多河谷中的一个。一条携带着安第斯山融水的河流从这里流进太平洋。如果没有这个水源，这里根本无法居住。奇穆人在此定居之前，莫切人就已经在此居住了。他们从河水中取水并通过运河和灌溉水渠输送水源，才得以在沙漠中种植庄稼。莫切人打造精致的陶器，通过化学工艺在金属制品上贴覆精细的纯金。

然而，莫切文明在奇穆王国出现前近 200 年的时候莫名其妙地消失了。没有人知道其中的原因，但莫切文明的影响可以从奇穆纺织品和陶器的图案以及奇穆庞大的沟渠系统中寻到一些蛛丝马迹。

奇穆民间故事似乎承认，奇穆社会是从一个已经发展成熟的社会发展而来的。在其中的一个故事中，一个来自不知名国家的名为塔迦纳莫（Taycanamo）的贵族乘轻木筏漂洋过海来到了莫切河谷。他声称自己是一个豪族派来统治这个地区的，但他只披了条棉腰布蔽体，手里拿了一些黄色粉末，别无他物。在一年时间里，塔迦纳莫始终躲在一个建筑里，用他的黄色粉末来举行仪式，同时学习当地语言。一年后，他脱离了与世隔绝的状态，娶了多个当地女子为妻并称王。他的王朝统治奇穆王国长达几个世纪。

这个故事可能是虚构的，但它描述了一个外来者来到一个陌生的地方并全面控制当地居民的情形。

在奇穆王国创始故事的另一个版本中，三个蛋孕育了最初的人类。铜蛋孕育了所有的普通人；银蛋孕育了精英阶层的所有女性；金蛋孕育了所有的国王和男性贵族，赋予他们神圣的统治权。奇穆社会等级分明的体制在现实中和在传说中一样显著。

奇穆帝国

奇穆王国从伟大的昌昌（Chan Chan）城发展壮大。鼎盛时期，这座沙漠之城有三四万人口。和其他很多城市不同，昌昌城的中心不止一个。如今的昌昌城遗址由 10 个称为休达德拉斯（ciudadelas）的巨大宫殿构成。在这些建筑群中间是精英阶层的住宅和工匠们拥挤的住宅。

昌昌城是一座奇特的城市，这里没有道路。在 10 米高的城墙之间鳞次栉比地排列着大量房屋。王国 90% 的人都居住在这里。这座城市非常拥挤，但这里不是贫民窟。昌昌城的考古挖掘显示，住在这里的手工艺人享受着较高的物质财富水平。

我们不免会想，为何这么多手工艺人会拥簇地居住在这个都城呢？这主要是因为奇穆王国是以统治者为核心建立起来的。沙漠居民赖以生存的水渠和灌溉渠道都由统治阶层掌控着，农民的生计和生存都要仰仗首都的统治阶层，因此他

◀ 奇穆木雕展示了奇穆人的穿着和宗教信仰

▲ 奇穆人都是热爱黄金的技术娴熟的金属工匠

▲ 昌昌城装饰精美的宫墙将贵族和平民区分开来

▲ 海菊蛤精美的红贝壳在奇穆价值不菲。它们是从周边国家进口的

▲ 奇穆的纺织品充斥着多彩复杂的编织图案

们源源不断地向昌昌城纳贡。

统治者们的宫殿不只是他们的寝宫。最大的宫殿占地超 20 万平方米，有 907 个房间。其中很多房间用来存放国王接受的贡品。任何人想要使用国王掌管的原材料，都要造访这座宫殿来获取它们。因为没有货币，所以贸易和贡品的确切价值仍无从得知。

▲ 这个黄金耳饰展示了众人抬着王座上的奇穆国王的画面

昌昌城的宫殿也为我们了解奇穆王国如何扩张提供了线索。似乎一个国王去世并不意味着他彻底离开这个世界。昌昌宫内的墓葬平台已经被挖掘出来。一套留存下来的木制雕像展示了国王的送葬过程，人们都朝着宫殿的方向前进。统治者们死后转化为保护神，他们在世间的一切财富仍属于他们。国王的儿子接掌王权时继承了王位，但他需要用自己的财富来修建自己的宫殿并装饰它，因此他必须扩张。

崛起和毁灭

奇穆王国的统治者过着奢靡的生活。他们穿金戴银，超凡出尘。昌昌城的纳贡都属于他们。贡品可能是粮食、来自丛林的奇异羽毛，或者从北部地区进口的海菊蛤（Spondylus mollusc）的粉贝壳。后人在他们墓室的尸骨手中发现了一些这样的贝壳。这些贝壳的碎片用于制作珠宝和装饰品。国王甚至还让一个仆人（在很多资料中被称为佛加希格德）拿着一个篮子随侍，篮子里装着用这些珍贵贝壳磨成的红色细粉，这样国王就可以踩着这些细粉走路，无须踩在肮脏的地面上了。

为彰显自己统治的权力并满足自身需求，国王必须不断开疆扩土。从碎片化的历史资料和考古资料中，我们了解到奇穆人向南北两个方向扩张，统治了居住在附近河谷的人民。

这种征服可能是暴力的，但奇穆人的统治很可能是柔和的。一小部分奇穆贵族似乎是在奇穆王国征服其他地区后移居到那里的。有时候这些贵族在当地人眼中神圣的金字塔之上建立自己的家园，比如在法尔凡（Farfan）。有时他们在附近修建围墙。只要货物和工匠持续进入昌昌城，国王就得到了满足。

奇穆王国的统治者过着奢靡的生活。他们穿金戴银，超凡出尘。

不断扩张的奇穆王国开始与不断扩张的印加王国有交集。根据后来西班牙历史学家的记载，奇穆王国最后一位独立的国王是明昌卡曼（Minchancaman）。作为一个著名的征服者，他与卡哈马尔卡（Cajamarca）王国缔结了和约。在帕查库蒂统治期间，印加征服了大量高地。明昌卡曼不断扩张疆域的目的很可能是为了与这个新的领土竞争对手相匹敌。

▼ 印加征服奇穆后，奇穆的陶艺风格传遍了印加帝国

活人祭品

为抚慰神灵，奇穆人有时不得不采取激烈的行动

在南美的很多社会中，活人献祭很常见。在当时塑造的一尊雕像中就包含一个双手被绑在身后的裸体男人，他可能不久就要伴随死去的国王下葬。在昌昌城宫殿的考古挖掘发现，和一个国王同时埋葬的有 300 个年轻女子，可能是为了在他死后服侍他。

当时一个考古学家接到电话，得知某人的孩子正在玩儿人头骨。他猜想有人发现了一个新的考古遗址。近 200 个孩子的遗体被发现，其中很多遗体上有作为仪式祭品的标志。有些保存最完好的尸体仍然有头发和部分皮肤，头骨前额有红色标记。肋骨和胸骨上的切割痕迹说明，这些孩子的心脏作为祭品的一部分被取走了。舍弃这么多身体健康、营养充足的孩子对这个国家和孩子的父母来说都是巨大的牺牲。

举办这次祭祀的原因似乎是遗址上方的一层厚厚的黏土。冲刷掉这些黏土的大量雨水会损坏庄稼和建筑物。奇穆人向神灵寻求帮助，为此他们献出了最有价值的东西——孩子和羊驼。毁灭性的雨水冲刷出的泥土中，依稀可见这些孩子被带到坟墓的过程中留下的小脚印。而诸神是否得到了安抚，世人无从得知。

▲ 在奇穆仪式中使用的献祭刀

1461年，一支印加部队违背帕查库蒂的指令，误闯卡哈马尔卡的领地，不得不同时与当地人和奇穆人两支队伍作战。印加人取得了胜利，但印加王并不高兴。率兵进入卡哈马尔卡的将领被赐自尽。印加人不得已与奇穆人开战。为维持在卡哈马尔卡的统治，印加人必须征服秘鲁全境，而这也是帕查库蒂派出的部队所做的事。

在帕查库蒂之子托帕的带领下，这股军事力量似乎从北方袭击了奇穆王国。他们逐个控制了每个河谷和居住区，切断了对昌昌城的生存和国王的尊严至关重要的纳贡渠道。当昌昌城陷入孤立，印加人就放开手脚去征服南方和北方了。当印加人拿下了整个地区，他们开始对昌昌城进行掠夺，带走了那里的黄金、艺术品、工匠，甚至把他们的国王掳到了库斯科。明昌卡曼以贵客和俘虏的身份在库斯科度过余生。

印加人抢夺了足够多的黄金带回库斯科。帕查库蒂用它们来装饰伟大的太阳神庙的墙壁。印加人还用奇穆人的财富来打造金雕像。然而，印加人并没有彻底毁灭奇穆民族和它的文化。就像奇穆人过去征服一个地方后，经常将其交由当地统治者来继续管理一样，印加人也这么做了——将昌昌城和莫切河谷交给了明昌卡曼的儿子楚门·卡尔（Chumun Caur）来管理。卡尔对他的新印加君主很忠诚。这个王朝继续管理昌昌城地区，甚至在被西班牙征服之后都没有改变，只是他们转信了基督教。

奇穆王国作为一个雄踞一方的强权存在的时间可能不长，但它创造的独具特色的艺术却传遍了整个印加国土。奇穆人被驱赶和艺术家被转移到库斯科的事实从印加王国之后所运用的奇穆制陶和纺织技术中可见一斑。印加贵族穿着异域奢华纺织服饰的愿望意味着，更多奇穆纺织品可能是在昌昌城覆灭之后制作的。昌昌城如今已是一片废墟，但孕育它的文化并没有彻底消亡。

▲ 奇穆的金匠打造了精致的头冠和金银珠宝

丛林法则

探索印加如何治理帝国：从国王到印加的道路和语言

印加人如何治理帝国

建立最大的前哥伦布时期帝国是一回事，而治理这个帝国则是另一回事

多米尼克·伊梅斯

缔造帝国的帕查库蒂的雕像。这样的国度要如何治理呢？

15世纪，印加帝国从以库斯科城为中心的王国发展成为跨越南美洲西部大部分地区的帝国。这时摆在印加人面前的是一个巨大的挑战：如何治理和管理一个比任何前哥伦布文明都要大的地区。尽管任务艰巨，但在一个全能的统治者领导下以及等级森严的政治结构治理下，印加人不仅实现了社会有序发展，还成功将其管理、宗教和文化施加给一千多万人，使得他们按规定缴税，对武力和大规模迁徙心存恐惧。

塔万蒂苏尤，即“四方之国”（印加人给自己帝国的命名）是一个君主专制国家。每个国王（即萨帕·印加）的意志对有关政治、社会、农业和军事的所有事务至关重要。他的指令就是法律。他的王位对应着终极特权，还有关爱子民的责任。在以农业为基础的国度，这意味着控制食物的分配。因此，他的众多头衔中包含“华查·科亚克”（Huaccha Khoyaq），也就是“穷人的情人或恩人”。

萨帕·印加的权力范围不仅限于地面上的国度。印加人认为自己是太阳神因蒂的后代，因此定期举办祭拜太阳神的仪式和庆典，祈求太阳神保佑他们的君王并赐予他福祉。帝国的每个省都要向太阳神进贡一定数量的土地并修建太阳神庙。

虽然萨帕·印加总是受到无上尊敬，但他还是需要得到政治精英的支持，从而保证国家机器继续平稳行进，

▲ 印加人认为，他们的统治者萨帕·印加是太阳神的后代

自己稳坐王位，不会出现派系斗争。很多政治精英是他的家族成员。萨帕·印加会娶很多个妻子，其中一位会成为主王后，也就是蔻雅（qoya）。为保证后代血统纯正，印加王的妻子一般是他们的亲姐妹。在他们看来，这也有利于将王权控制在家族范围内，降低贵族中出现劣等派系的机会。

印加的贵族阶层存在一个独特的等级制度：包括身居政府要职的王室家族成员、由纯正印加血脉的成员组成的贵族阶层（他们会说盖丘亚语）、来自被征服地区的被纳入政府机构“享有特权的印加人”。为协助印加王治理帝国，印加人成立了贵族理事会。同时，印加王还倚重一位被称作因卡普·兰丁（Inkap Rantin）的人，承担总督或首相的职责。

印加贵族阶层中第二大重要的人物是太阳神大祭司，也被称作维利亚克·乌穆（Willaq Umu）。崇拜太阳神的重要意义决定了这个职位一定要由居住在库斯科的国王最为亲近的亲属来担任。他们负责维护所有寺庙、圣祠和任命祭司，战时可以担任最高陆军统帅。这位印加精英可以参政，在王位继承问题上有绝对发言权。当一个国君离世，他的长子不一定能登上王位，原因是新任萨帕·印加要从王室中最有能力的人中选出。法令规定，新任印加王不能继承前任的财产和财富，因此他必须靠自己建立王权。相反，其他后代接受先人的遗产并组建帕纳卡（panaqa）——王室贵族团体，负责维护地产和上一任统治者的木乃伊。

统治者在死后仍在政府中占主导地位，原因是印加人认为故去的印加王的木乃伊可以与活人交流。在特殊的庆典仪式上，他们的木乃伊会被装扮好抬出来，旁边站着一位特殊的侍从解读并说出他们的愿望。有专人给木乃伊提供食物和饮品，这是他们的身份决定的。人们对木乃伊的敬意赋予了帕纳卡在印加精英阶层中的权力，尤其是在选择王位继承人时的特权。

贵族阶层垄断了政治、宗教和军事领域的职位，能够建立类似王朝的政权。

由于下一任印加王常常是由现任印加王册立的，因此在这个过程中，敌对的几个派系常常通过政治操纵、阴谋或发起冲突来保证各自的候选人脱颖而出。主王后蔻雅也会试图发挥重要作用，争取让自己的儿子上位。这种动荡和内讧无疑会造成每个统治期的后期出现权力真空。当第十一代印加王瓦伊纳·卡帕克于1527年离世时，他的两个儿子就因夺位而发起了一场野蛮的内战。

开启了印加征伐时代的第九代印加王帕查库蒂建立了印加帝国，还大规模重建了库斯科城。这座位于今秘鲁境内的城市成了容纳数万印加人的繁华都城和众多寺庙环绕王宫和堡垒的宗教中心。“库斯科”在盖丘亚语中是“中心”的意思，它是印加帝国的行政、政治和军事首都。

从库斯科出发，各地建立起了更广泛的行政体系，从而保障各地独立税收和治理。印加人把印加帝国分为四个部分，即四个苏尤（suyu）：北部的钦察苏尤（Chinchaysuyu）面积最大，人口最多；东部的安蒂苏尤（Antisuyu）；南部的科利亚苏尤（Collasuyu）；西部的孔蒂苏尤（Contisuyu）。每个苏尤有各自的总督并可以细分为多个省。总督通过武力来治理各个苏尤，即配备印加军队或者严惩违法行为。

贵族阶层垄断了政治、宗教和军事领域的职位，能够建立类似王朝的政权，原因是他们的职位是世袭的。各个苏尤的总督管理着数十个地区级行政长官。而这些地区级行政长官负责指导地方库拉卡（长官）的活动。库拉卡是类似管理名为阿伊鲁的小社群的地方官员。然而，他们没有完全的自治权，因为被称作“图奎里科克”（Tokoyrikoq，意为“洞察一切之人”）的独立监察员负责密切监督所有官员，并向库斯科报告他们的工作，以保证国王了解下情。

地方官员负责收税，但由于印加没有货币，缴税可以通过以下两种方式之一来实现。一种是农产品收成的三分之一用来交税，三分之一用来祭拜太阳神因蒂，剩下的三分之一用来分配给国民。第二种方式是劳动抵税，通过一种称为米塔（mit'a）的体系来实现。男人参与诸如修建印加的道路网络、楼宇、桥梁、灌溉渠道或矿井这样的公共基础设施可以抵税。

各省的行政管理有所不同，原因是各个官员要根据不同的地形、资源和人口结构来治理。但印加在中央集权方面做出了巨大努力。为方便税

罪与罚

极端严酷的惩罚意味着印加帝国的犯罪率极低

西班牙籍的印加历史、文化和社会领域的编年史学家加尔西拉索·德·拉·维加出生于如今的秘鲁刚开始向外扩张的年代。他写道：印加人受三种极端法律的约束，即“勿偷盗，勿撒谎，勿懒惰”。这可能是西班牙人的杜撰，不是印加帝国的实情。印加几乎没有一套严苛的规则和司法体系，甚至没有监狱。尽管如此，目前没有证据证实印加曾出现很多犯罪行为。

相反，风俗和传统以及印加王的指令约束着人们的行为。印加通过严格的控制和严厉的惩罚来维护法纪。犯小过者会被切掉身体的某个部分，如偷盗会被剁手或挖眼，然后坐在公共场所拿着一个碗乞讨并向过路人讲述自己的罪行。

对更严重的罪行或惯犯，惩罚可能是死刑。谋杀、通奸、亵渎神灵、造反甚至是懒惰会被处以绞刑、石刑或被推下悬崖。据这位编年史学家记载，懒惰被认为是严重的罪行，因为一个懒惰的人对帝国毫无用处。

▲ 挖眼是印加的一种普通的惩罚方式，对潜在罪犯有足够的威慑力

▲ 道路蜿蜒穿过帝国，从而保障帝国的治理效率

收，印加会定期进行人口普查，从而详细记录人口出生、死亡、婚配情况和可用劳动力情况。所有居民都有义务维护庞大的道路网络；3 万公里长的道路用来转移军队、行政人员和货物。

印加帝国最强盛时疆域从太平洋海岸起始，横跨如今的秘鲁、哥伦比亚、玻利维亚、厄瓜多尔、阿根廷和智利的部分地区。数十甚至数百个民族被同化。印加的人口攀升至将近一千万。管理被征服的臣民需要一定的宽容——允许臣民信仰其他宗教，前提是他们要把印加的神祇奉为最至高无上的神。但印加政府更愿意施行一种与众不同的政策——“米特马克”（mitmaq），即

强制移民政策。

这个政策是指，一个地区的所有人口被转移到帝国的另一个地区。此举可以分裂新征服的民族，使其更难实现自给自足，或者组织针对印加帝国的反叛活动。他们一旦试图回到故土就会被处死。采用“米特马克”政策还意味着政府无须费力去建立新的行政区域，只需在必要的时间地点转移相应区域即可。

“米特马克”的另一个目的是把忠诚的民众转移到新地点，从而维护当地的和平并向当地人传播印加文化。通过这种方式，当地贵族家庭的子女可以接受以盖丘亚语授课的教育并学习王室习俗，从而耳濡目染地成为印加王的忠实臣民。成为印加帝国的一分子有其好处：他们可以享受更好的食物、军事援助和获取商品。

正因有如此严格的等级划分（以一位拥有绝对权力的统治者和一位贵族精英为首）、区域管控体系、同化和压制被征服民众的方法以及先进的交通网络，印加才有可能从 15 世纪中叶到 16 世纪 30 年代在美洲建立并治理当时最大的帝国。

犯小过者会被切掉身体的某个部分，比如手。

印加王

十位见证了印加帝国兴衰的统治者

有一个传说称，卡帕克和奥克略战胜了库斯科谷的其他部落，创立了他们的王国。

曼科·卡帕克

1200—1228 年执政

曼科·卡帕克是印加王朝的开创者和第一任印加王。他被认为是太阳神因蒂的儿子。他的出身扑朔迷离。在一个传说中，因蒂同情居住在的的喀喀湖的人，因此派曼科·卡帕克在那里建立一个文明并教民众如何生活。曼科·卡帕克带着一根金杖（这根金杖要插在合适的、富饶的土地上）跟他的姐姐兼妻子玛玛·奥克略一起上路了。他发现了库斯科谷并在那里建立了都城。

维拉科查·印加

1410—1438 年执政

维拉科查可说是能够确认真实存在的第一任印加王，原因是有些学者认为他的前任的故事都是虚构的。他的名字取自印加的创世神。他掌权后开始扩张领土，直到 1438 年库斯科王国被昌卡袭击。他弃城而逃，把印加留给了他的儿子帕查库蒂。

帕查库蒂

1438—1471 年执政

帕查库蒂是将库斯科王国发展成为印加帝国的印加王。他是维拉科查的儿子。他在印加遭受昌卡袭击、父亲逃离印加王国时带领印加走出了混沌。他运用军事能力成功保卫了王国，后来被推举为新任印加王。作为国王，他在安第斯山脉地区不断扩张疆域，引领王国改革并把庞大的版图划分为四个区域，成为印加人所说的“四方之国”。据说，标志性的印加废墟马丘比丘就是在他执政期间修建的。

帕查库蒂最早被称作库斯·印加·尤潘基，但他称王后更名了。

托帕·印加·尤潘基

1471—1493 年执政

托帕是帕查库蒂的儿子。帕查库蒂执政期间任命托帕为印加军队的统帅。托帕因 1463 年击败奇穆（位于印加北部）而一举成名，从此稳固了印加对安第斯地区的统治。1471 年称王后，他延续父亲的伟业，继续扩张印加王国的版图。他去世时，印加的版图覆盖了南美洲西部的大部分地区。

瓦伊纳·卡帕克

1493—1527 年执政

瓦伊纳·卡帕克接替他父亲托帕·印加，于 1493 年成为印加王。他将印加帝国的疆土扩张到亚马孙地区，征服了厄瓜多尔，并在基多城建立了第二个都城。然而，和他的前任相比，他向外扩张的程度要差很多，原因是他将大部分精力用在了应对叛乱上。1524 年，他染上天花这种西班牙征服者带到印加帝国的疾病。印加人对天花毫无抵抗力，因此天花摧毁了印加王国。瓦伊纳·卡帕克和他的继承人都突然死亡。他去世后印加爆发了内战。

瓦斯卡尔

1527—1532 年执政

父亲瓦伊纳·卡帕克在未任命继承人的情况下离世后，瓦斯卡尔被库斯科的贵族推举为下一任印加王。他继承了印加帝国最大的领土，而他的兄弟阿塔瓦尔帕成为基多的总督。然而，阿塔瓦尔帕不久即发起叛乱，于是两兄弟为争夺对印加帝国的统治权而陷入了一场血腥的内战。对瓦斯卡尔来说不幸的是，他的兄弟在军事指挥方面更胜一筹。他败北，不久后被刺杀。瓦斯卡尔死后，他残余的支持者和西班牙征服者结成同盟，共同对抗阿塔瓦尔帕。

阿塔瓦尔帕

1532—1533 年执政

在父亲意外去世后，为争夺统治权，阿塔瓦尔帕挑起了与他的兄弟即新任印加王瓦斯卡尔的内战。内战从 1527 年持续到 1532 年。最后阿塔瓦尔帕胜出，但战争让帝国元气大伤。成为印加王几周之后，他的军队被印加人从未见过的西班牙人的火枪等先进武器和战马击败，他在卡哈马尔卡被法兰西斯克·皮泽洛俘获，囚禁一年后被绞死。

曼科·印加（Manco Inca）不得不在他的兄长阿塔瓦尔帕执政期间逃离印加帝国，因为阿塔瓦尔帕对任何政敌都毫不手软。

西班牙人扶持阿塔瓦尔帕的另一个兄弟曼科·印加作为傀儡来管理印加人。

曼科·印加

1533—1544 年执政

瓦斯卡尔和阿塔瓦尔帕的小弟弟曼科·印加被法兰西斯克·皮泽洛在库斯科扶持当上傀儡国王。他选择了反叛。他逃离西班牙人并组建了自己的印加军队，在奥扬泰坦博堡垒打造了一个军事基地。几个月后，曼科·印加转移到了比尔卡班巴，并创立了独立的新印加国。他死后，这个国度由他的儿子们相继统治。

萨伊里·图帕克

1545—1560 年执政

萨伊里·图帕克（Sayri Túpac）的父亲曼科·印加为印加的独立而战，而 1552 年，萨伊里·图帕克在比尔卡班巴加冕后却轻易向西班牙人投降。他同意离开比尔卡班巴，以换取不动产和养老金。他带着妻子回到了库斯科去领导当地人。他们甚至转信了基督教。1561 年他被毒死，尔后他留下的印加国反叛了西班牙。

图帕克·阿马鲁

1571—1572 年执政

1572 年，最后一任印加王图帕克·阿马鲁（Túpac Amaru）试图抵御托莱多（Toledo）总督率领的西班牙探险队的入侵，保卫新印加国的残余领土。他逃离比尔卡班巴，和妻子一起被俘获并带回库斯科。在那里他因谋杀西班牙神父而受审。这很可能是捏造的指控。图帕克·阿马鲁的失败和对其处决标志着印加帝国的终结。

印加的军队

让安第斯人俯首称臣的军事力量

詹姆斯·霍顿

印加帝国能够迅速崛起，发展成为人口超千万的大国，主要得益于其强大的军队。从占据库斯科谷的一个名不见经传的小部落到幅员辽阔的帝国，印加的军事力量对其沿安第斯山脉迅速扩张起着不可或缺的作用。

印加的领袖都是卓越的外交家。他们承诺给周围的部落优厚的待遇，鼓励其不战而降。很多部落同意了，原因是他们认为，在如此广大的帝国开展贸易会带来许多收益。这些收益可以赋予他们宝贵的生存资源，同时降低本部落人口遭遇饥荒的风险。然而，这种和平谈判总是需要印加强大的军事力量作为保障。那些拒绝和平归顺的部落遭到了强有力的镇压。印加帝国的领袖利用手中的军队击败那些不愿俯首称臣的人，扑灭帝国内部任何叛乱的余烬。印加帝国的组织和管理令人钦佩，但和大多数古文明一样，这样一个帝国只有拥有一支强大的军队，才能屹立不倒。

还是库斯科谷中的一个弱小部落时，印加就开始组建军队了。印加人明白，民众需要通过耕种来获取食物，但如果所有人都去务农，那么这个部落就会不堪一击，无法应对外来部族的袭击，于是印加人从一开始就组建了一支常备军。这支军队守卫着农民，成功击退了敌人的入侵。胜利之后，印加人信心百倍。他们发动地方运动，争夺山谷地区的霸权。在打倒企图摧毁蓬勃发展的库斯科王国的强大军事力量后，他们又通过一系列成功的军事行动极大扩张了帝国版图。这时，永久常备军模式被可以短期快速集结的军队取代了。帝国军队主要由归顺的部落组成。这种部落以服务形式向其领主纳税；有人选择经商，有人选择服役。印加人最后执掌了广阔领土，其军事力量仍旧强大。

25—50 岁的男子应征入伍，与他们的君主和帝国各地的其他部落并肩作战。然而，应征的军团是在他们自己部落的直接指挥下作战的。从微观层面来说，这意味着一支军队由不同部落的士兵组成。每个团队的战服和武器都各不相同。领袖面临的挑战是将不同的军团整合为一支有凝聚力和效能的作战部队。

印加帝国由不同民族构成，这一点从战场上可见一斑。有些士兵更适应某些特定的地形和气候，更容易掌控某些特定的武器。于是，各种各样的武器被带到战场上。近战武器方面，使用标志性的印加戟的士兵和使用钉头槌、棍棒、斧头和枪矛的士兵并肩作战。士兵通过弓、吊索和流星锤（一种可以扔出去的武器，由石块系在绳索上组成，常用于狩猎）等一系列远程武器将石头、箭和矛射出去，猛烈迅速地打击远处的敌人。

防御方面，印加军队穿着棉和羊毛制成的束腰长衫。棉和毛一层层压实堆厚，能够有效抵御敌人射来的箭。印加军队的棉质盔甲十分耐用，士兵穿上它可以在中数箭后毫发无损——箭都嵌在棉质材料里，不会扎伤皮肤。这样一来，很多士兵在战争结束后的样子就像箭猪一样。有些西班牙士兵会在和印加作战时戴棉头盔来取代他们沉闷厚重的钢头盔，这足以证实印加人的棉盔甲的效用。

▲ 印加士兵常带着一个小盾牌和一个单手近战武器

印加军队的棉质盔甲十分耐用，士兵穿上它可以身中数箭而毫发无损。这时候他们的样子就像箭猪一样。

为加强防护，印加士兵会手握小盾牌。盾牌的边缘下方悬挂着一缕缕织物，从而更好地抵御抛射物的袭击。作为防御的终极措施，有些士兵还会背上更大的木质盾牌。这种后防护盾牌体现出印加人可以运输和利用的自然资源，因为大块的木头在印加帝国不是随处可见的。

印加军备的一个显著缺陷是对铜、石和骨的依赖。金银这种贵金属在印加很充足，但印加人当时还没有掌握钢铁知识。印加帝国是在相对孤立的情况下发展起来的，他们的知识和与其他民族的贸易来往有限。骑在马背上作战具有杀伤性，而彼时印加人还不知道马这种动物。他们的美洲驼和羊驼为他们提供了毛皮，同时帮助军队向前行进，但印加的整个战斗力量只有步兵。印加帝国在很多方面都超越了同时代周边的民族，但他们的低级装备可能是西班牙征服者来到后印加帝国灭亡的主要因素。

在敌人的首领阵亡后，他们收集敌军的长矛，把敌人的首级插在长矛上高高举起，以挫败对方的士气。

勇气和技能是印加军队最为推崇的，能够有效提振前线士气。下级指挥官根据士兵的勇气和能力来授予其相应的职位。这种指挥官会在前线与士兵并肩作战，激励士兵寸土必争。印加的敌人常常会采用相似的作战方式，但这种方式也是双刃剑——如果指挥官与士兵并肩作战能提振士气，那么指挥官阵亡就会消灭士气。印加人清楚这一点，因此常常努力斩下敌方指挥官的首级。在与昌卡人作战处于上风时，印加人从远处投射不断打击敌人，成功让敌人放弃了长矛。在敌人的首领阵亡后，他们收集了敌军的长矛，把敌人的首级插在长矛上，高高举起让昌卡人看。敌军士气瞬间瓦解，印加人轻松取胜。

▼ 西班牙人法兰西斯克·皮泽洛用少量大炮和火绳枪歼灭了印加王阿塔瓦尔帕的卫队

是武器占下风、人力占下风、数量占下风，还是计划得不够周密？

印加军队当时有没有可能在西班牙侵略者面前取得胜利呢？

西班牙征服者的到来预示了印加帝国的毁灭。征服者用一系列安装在屋顶的大炮、将近 100 支火绳枪和一小支骑兵部队造成印加人数以千计的伤亡，于 1532 年活捉了印加王阿塔瓦尔帕。这个可怕的事件显示出，印加军队与这支规模不大但杀伤性极强的入侵者相比，其武器装备是多么落后。那么，印加在 1535 年反抗时能战胜这些极端的劣势吗？

西班牙人武器装备精良，但战争一开始，他们在人数上非常不占优势，以至于印加的领袖、阿塔瓦尔帕的弟弟曼科从山顶出击，在库斯科广场旁边的两座建筑里轻而易举地包围了西班牙人及其盟军。与此同时，他的得力干将基索（Quiso）在西班牙人建立的城市利马附近搜寻西班牙援军。曼科的人没能袭击被西班牙人占领的建筑，但调整了战术，击退了敌人的骑兵。他们挖战壕来残害或抢劫敌人的马，或用他们的狩猎武器来绊倒敌人的马。

基索做得更好，成功引诱西班牙骑兵进入山口，让他们无力应对空袭，然后将大量的投掷物和石头砸向他们。他用这种方法解决了将近 100 匹马。皮泽洛在库斯科投降，印加最终取胜似乎只是时间问题。

然而，这种在山里和城里小道上运用得很好的战术在利马之外的开阔平原却行不通。尽管如此，自信的曼科还是命令基索率兵冲进西班牙人火绳枪的枪林弹雨中，试图毁掉这座城市。这种漫不经心的战略最终让这位将军丧命，让曼科失去了他最得力的指挥官，也注定了曼科的失利。最终，库斯科被攻陷，曼科撤退到比尔卡班巴的雨林。剩余的印加人躲过一劫，几年后他们向西班牙人发起了游击战，但他们的军队再难成为安第斯地区的霸主。

▲ 印加军队差一点儿就击败了西班牙入侵者

高级别的军队指挥官由印加领袖或从臣服部落选出的人担任。各个部落选人主要基于此人对战役地区的了解。最高级别的指挥官一般是印加王或其他印加贵族。就算印加王没有亲自参战，他们也是军队的名义首领。确定了等级制度后，军队的下一个目标就是按顺序确定各级将领。他们通过一种灵活的十进制方式来实现，将士兵按几个到 10000 个分组。有些领地有 10 人一组的兵团，有的是 500 人一组，还有的是 1000 人一组或更多人一组。通过详细记录军队的实力，印加人可以根据需要增援，从而弥补军队在战斗中不可避免的损失。

印加人了解草药知识，会包扎伤口，甚至会做一些手术，如颅骨钻孔术。如果这些医疗操作还不足以让士兵恢复战斗力，他们可以依靠有组织的预备队来补充兵力。虽然印加人没有能拉车的动物，也不掌握制造马车的技术，但这些预备队以及他们前面的主力部队能够快速移动，这主

▲ 印加的近战武器的尖端一般是石制、骨制或铜制的

▲ 印加的投石兵可以对轻装敌人造成致命损伤，但对身着钢盔甲的敌人则无计可施

▼ 来自印加帝国不同地区的士兵穿着不同的战服

▲ 印加军队缺乏打造攻城装备的技术，因此奋力围攻重兵把守的阵地

▲ 西班牙人用战斗力极强的骑兵来对战印加军队的步兵

要得益于纵横印加帝国的广阔道路网。在四通八达的道路沿线有为迁徙军提供食物和装备的仓库，因此军队可以轻装行进。因为军队的伙食有保障，所以招募新兵十分顺利；同时也可以保证战争打响时，整个军队装备齐全。

印加的军事机器能够高效快捷地招募、使用和强化一支掌握不同装备和技术的强大军队。然而，如果没有一个保障有效组建和应用军队的广阔的情报网络，印加军事机器的效能就会大打折扣。印加第一任伟大的军事领袖帕查库蒂成功在他想要征服的地方安插了大量间谍。他通过这些人了解这些地方的军事实力、物质财富和地形地貌。因为印加没有文字体系，所以这些报告必须通过巧妙的方法发出。数字一般是通过“奇普”这种结绳记事的方法传递，而地形地貌是通过黏土雕塑传递给军队的指挥官。信使没有坐骑，印加人用跑步信使【“查斯基”（chasquis）】来快速传送信息。一旦打赢战役，印加的领袖就会在帝国上下安插情报人员来搜集反叛的蛛丝马迹。比如被称为“米奇克”（michic）的间谍有权未经允许进入嫌疑人的家。这种以情报为主导的方式非常成功，让印加用合适的兵力平稳应对了内外威胁。

印加军队纪律严明。事实证明，这对他们克敌制胜至关重要，至少在西班牙人到来之前是这样的。印加帝国依赖一种公共哲学来运作，那就是虽然没有货币，但能够保障帝国上下生活必需品的自由交易。而这种理念也渗透到了印加的军队中。很多士兵也有强烈的使命感，好像服役是他们为国做贡献从而保护家庭的唯一途径一样。违反纪律会被严惩。印加军队严格要求将士不得伤害途经的任何友好邻邦。如果一个士兵企图逃跑，那么他的指挥官可以不经商讨便处死他。对军队高层的惩治同样严厉。曾有两个指挥官在一

▲ 被捕之后，印加王阿塔瓦尔帕承诺用一屋子的金子来换取自由

违反纪律会被严惩——如果一个士兵企图逃跑，那么他的指挥官可以不经商讨便处死他。

次战役取胜后因在外迁延太久、置领袖于不顾而被处死。

训练有素的部队提供了战术上的多样性，这是印加的本土敌手所不具备的。战争期间，军队的一部分留作后备军或者担当侧翼，而另一部分则顽强地困住敌人。侧翼的钳形运动（Flanking pincer movements）可以在单个战场或者更大的空间操作，指挥官有时会按照命令将军队分成不同分支，从而从多个方向包围敌人。印加人还会用聪明的策略来摧毁敌人的防御工事。他们不会制造攻城武器，但采用了另一种方式攻城，即从他们的队伍里释放囚犯难民，让他们逃回敌方的领地。此举可以让敌军的食物供应快速减少，从而迫使其投降。

强悍的印加军队只有面对登上美洲大陆的西班牙人时才黯然失色。彰显印加成就的快速扩张不久就走到了尽头。欧洲人带来的武力和疾病让因五年内战而大伤元气的印加帝国进一步四分五裂。天花几乎让印加人灭绝，而印加和外来侵略者在科技发展上的巨大差距更是让这个帝国举步维艰。

如果钢铁和马车还不足惧，那么火药的使用无疑击碎了印加人用传统阵地战打败西班牙人的希望。印加军队用长柄大镰刀建立了自己的帝国，但面对西班牙人时就相形见绌了。印加军队无力保卫国土，终令这个帝国走向消亡。

向萨宾·海兰德教授发问

探索印加人如何在没有文字的情况下通过结绳的方式沟通

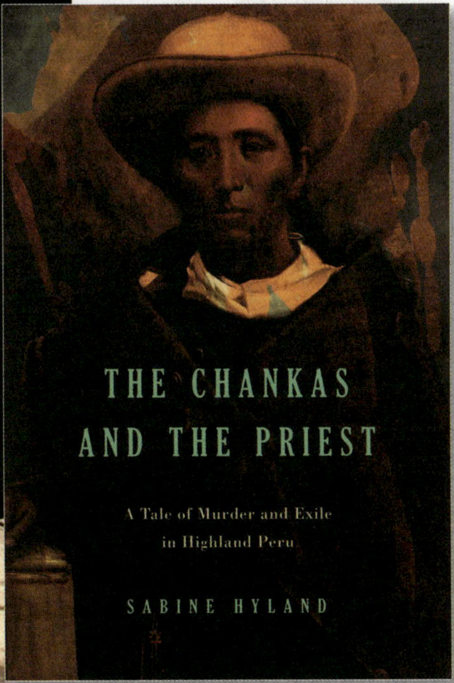

▲《昌卡人和祭司：一个发生在秘鲁高原上关于谋杀和流放的故事》，宾夕法尼亚州立大学出版社出版

提问：“奇普”是什么？印加人用“奇普”来做什么？

回答：“奇普”是彩色打结的绳子，用来记录信息。它是印加和安第斯人最大的谜团之一。在印加帝国时期，“奇普”用来记录传记、历史、经济和普查数据。试想一下，如果我们能读懂印加人自己的历史记录，而不是依赖有偏见的西班牙编年史家的记录，会怎样呢？印加人结绳记事的记录体系仍然没有被完全破译，尽管我们在一点点努力解读它。我通过研究发现，直到 20 世纪仍有在使用“奇普”（曾被认为已失传）的秘鲁村庄。这为研究“奇普”的作用提供了重要线索。破译近 1000 个现存的“奇普”将会革新我们对安第斯文明的理解，对诸如活人献祭这样的做法提出独到见解。

萨宾·海兰德（Sabine Hyland）教授是英国圣安德鲁斯大学（University of St Andrews）的人类学家和人种历史学家。她撰写了很多关于印加和西班牙殖民时期的秘鲁的文章。她用了 10 多年时间研究“奇普”和如何破译“奇普”。

提问：不幸的是，现存的“奇普”数量不到1000个。它们为什么没有流传下来呢？

回答：有些西班牙传教士妄图摧毁“奇普”，从而抹去印加的本土宗教。这些“诸神崇拜的灭道者”完全不顾认同安第斯文化的教堂人员的抗议，试图粉碎本土信仰。他们进入一个村子就会搜集所有的“奇普”，烧一把大火把它们和印加祖先的木乃伊以及一些祭祀用品一起烧掉。同时，西班牙政府命令本土人用西班牙语记录信息，因此字母书写替代了“奇普”。尽管如此，在一些偏远的地方，本地人还是继续用“奇普”记事，以此保护他们的记录不被外界发现。我认为还会发现更多用“奇普”记事的地方，因此“奇普”的数量也会增加。

提问：您为何决定研究“奇普”呢？

回答：儿时在菲律宾生活期间，我就对非字母文字很着迷。在马尼拉上学期间，我们学到了刻在竹子上的远古贝贝因（baybayin）文字。这种文字一直使用到20世纪，主要用于个人书信，特别是情书。我少年时住在秘鲁，在那里第一次接触到扭结染色的绳结。印加人用绳结来记录历史、写诗，以及记录劳动力和商品情况。那时，人们认为“奇普”只是一种帮助记忆的东西，其中包含的信息永远也不会被破译。我完全没有想到，有一天与世隔绝的安第斯社区的居民会向我展示一个隐藏的手稿，上面写着他们如何在仪式上把“奇普”视如生命；还有另一个偏远村庄的老人向我展示了他们保存了几个世纪的珍贵“奇普”书信。

提问：破译“奇普”最大的挑战是什么？

回答：一个主要的问题是所有现存的“奇普”都在博物馆、大学和私人手中。迄今为止，为世人所知的只有3个秘鲁社区将“奇普”保留了下来，尽管这些地方的村民已经无法解读“奇普”了。过去10年间，我在《国家地理》的资助下又发现了3个直到20世纪仍在使用“奇普”的安第斯社区。

安楚卡娅（Anchucaya）、卡斯塔（Casta）和科拉塔（Collata）这几个村子关于“奇普”的传统又为“奇普”的研究提供了新的启示。比如，我在安楚卡娅的发现让我能解读印加“奇普”的两大彩色式样之间的关系，以及部分解读存放在秘鲁国家考古博物馆的过去无法解读的“奇普”。

提问：您去过秘鲁偏远的圣胡安科拉塔（San Juan de Collata）村。那里的安第斯老人允许您研究他们保存的两个“奇普”。您发现了什么？

回答：科拉塔村的村民把这两个“奇普”跟殖民地手稿一起藏在一个箱子里。直到如今，那里的老人还只让男性村民看这些“奇普”，告诉他们这些“奇普”是当地首领记录的关于一次叛乱的书信。这些“奇普”是兼具叙事和书信特征的第一批“奇普”。我破译了每个“奇普”结束位置的绳结所指代的家族成员的名字，这些名字是每个“奇普”发出者的名字。它们也是第一批具有语音学意义的安第斯“奇普”。

这些发现被国际媒体大肆报道。村委会根据新闻报道为村里的学校制作了一个关于“奇普”的信息包。当地一名官员给我写信说：“让我们的孩子了解科拉塔的文化遗产的价值至关重要，这样他们长大之后才不会放弃自己的村庄。”2017年6月24日，在科拉塔村的传统节日这一天，村委会正式将我撰写的关于他们的“奇普”的文章的西班牙语译文纳入他们的神圣档案馆。

提问：您关于科拉塔村的“奇普”研究提出了哪些新问题？

回答：科拉塔“奇普”展示了一种“动物的语言”。这种语言通过使用不同动物——如骆马、鹿、羊驼、美洲驼、小羊驼和平原骼的纤维来传达部分意义。很多时候，只需触摸就可以分辨出不同动物的纤维，这突出了这种书写体系的三维特征。研究科拉塔“奇普”时，被派来协助我的两个牧人告诉我如何通过触摸来区分不同动物纤维。红鹿毛和红骆马毛绳结摸起来的感觉是不同的。

“奇普”的立体感代表一种不同的交流方式。在这种方式中，触摸和感知扮演着和观看与倾听同样的角色。我们认为，“奇普”语言在印加帝国和保护“奇普”的乡村广泛传播。这种通过感知绳结的方向和层次来交流的方式体现了印加人对触摸和感知的高度关注。那么，这种关注能否为认知宇宙提供新的方式呢？在这种方式中，触感在交流中发挥的作用和视觉与听觉同等重要。

▲ 2019年6月，海兰德教授手拿科拉塔“奇普”

物质享受

这些印加装饰物，包括这几个精美雕刻的动物形吊坠，于 2010 年在巴黎举办的一场名为“印加的黄金”的展览上展出。这次展览还展出了王冠、别针、项链、仪式用杯和小雕像。

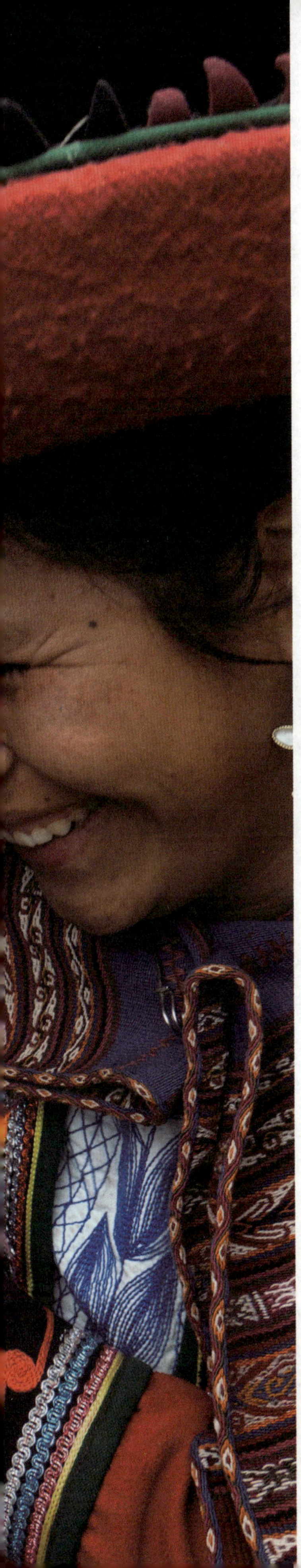

◀ 将近四分之一的秘鲁人说盖丘亚语

印加的语言

盖丘亚语早于印加帝国出现，且没有随帝国消亡。但它的未来是否仍面临威胁？

杰基·斯诺登

在伟大的印加帝国崛起之前，在安第斯山脉周围居住的人说着不同的语言。这些语言在几个世纪的时间里随着地方方言的自然演化而变得日益多元。随着帝国发展壮大，为进一步扩张，印加君主强制臣民使用一种“官方”语言。为此，他们选择了一种适用范围更广的语言变体：盖丘亚语。

“盖丘亚语”这个词实际上是指一系列相关语言的语系。印加人选择了在如今的秘鲁利马所说的一种沿海语言变体。在部分地区，当地人说各种口音的盖丘亚语和他们自己的母语；而在另一些地区，这种新兴的官方语言完全取代了本土方言。

在统治阶级鼓励臣民说盖丘亚语（又称克丘亚语，“人民的语言”）的同时，印加上流社会的人却说卡帕克语（Qhapaq Simi，“王室语言”）。据说后者源于普奎纳（Puquina）或者与普奎纳密切相关。普奎纳是蒂瓦纳科帝国（Tiwanaku Empire，6—10 世纪）的语言，如今已消亡。印加的贵族认为他们是蒂瓦纳科人的后代，因此

▲ 2019 年，罗克珊娜 · 奎斯佩 · 科兰蒂斯成为第一个用盖丘亚语书写论文和答辩的人

他们的身份高于其所统治的普通人。

对印加帝国这样一个沿着安第斯山脉发展、统治千万人口、建造了宏伟建筑的帝国来说，没有文字体系似乎很奇怪。直到西班牙征服者在16 世纪来到秘鲁时，人们才开始记录盖丘亚语。当时西班牙人开始用拉丁字母来解读当地人的语言。

印加人没有自己的文字体系，但他们用其他方式来记录——印加人用精致的被称为“奇普”的绳结来收集和分享信息，如人口普查和税收情况。最近的研究发现，“奇普”记录的可能不只是简单的数据。它们可能还记录了所有的法律规定、仪式和历史，但我们如今还无法完全破译。

印加的陶器和纺织品也是一样。印加人在他们的奎罗斯（qirus，仪式用饮具）上画上精致的图案，其中有一些描绘出叙事场景，展示了历史事件或印加社会的关键人物。也有人说托卡普（tocapus，经常编织或绣在外衣上的方形图案）这种几何图形可以解读为浮雕文字。但研究人员为此仍争论不休。不幸的是，我们还没有足够的证据来全面理解这些设计的真实意义。

西班牙人一开始能够接受盖丘亚语，但 18 世纪末秘鲁发生本土叛乱后就禁止使用了。甚至在拉丁美洲国家实现独立后，几个世纪的殖民统治意味着西班牙语对印加帝国来说仍然是一种“人民的语言”。

▲ 如今说盖丘亚语的人群分布（深灰色）和印加帝国的历史版图（浅灰色阴影）

如今，据估计，安第斯山脉中部地区有约一千万人说盖丘亚语。盖丘亚语在秘鲁、厄瓜多尔和玻利维亚等地的一些地区有地方性的官方语言的地位。然而，西班牙语仍然是这些国家的主导语言，尤其是城市里，最明显的是在政界。这就不可避免地导致了决策时的亲西班牙偏见。因此，说盖丘亚语的人能感受到自己面临着制度化歧视。举例来说，只会说盖丘亚语的人很难享受医疗、社会服务或法律援助，原因是医生、社会工作者和律师常常只会说西班牙语。

鼓励学校双语教学的努力得到了喜忧参半的结果。盖丘亚语主要用于乡村。如果条件允许，很多孩子会被鼓励学习西班牙语，因为这样他们就会有更多机会进入上流社会。接受盖丘亚语和西班牙语双语教学的学生上大学时常常只说西班牙语，因为这样更容易融入集体。秘鲁库斯科的阿巴德圣安东尼国立大学（National University of Saint Anthony the Abad）的一项调查显示，这所大学超过 30% 的学生母语是盖丘亚语，但只有将近 2% 的人在大学期间用盖丘亚语交流。

然而，一切在进步。近年来，秘鲁开设了第一个盖丘亚语新闻节目；出现了第一份完全用盖丘亚语书写的法院裁决书；学生罗克珊娜·奎斯佩·科兰蒂斯（Roxana Quispe Collantes）用盖丘亚语撰写博士论文并答辩，因此创造了历史。

说盖丘亚语的人常常面临制度化歧视，很难享受到医疗、社会服务或法律援助。

▲ 学者们对印加托卡普能否被解读为浮雕文字各执一词

通往富庶之路

印加帝国的非凡成就得益于四通八达的道路网

詹姆斯·霍顿

印加的道路（盖丘亚语称作 Qhapaq Ñan，“伟大的印加道路”）是一个庞大的道路网，覆盖整个帝国，绵延超过 3 万公里。其干线从如今的哥伦比亚一直延伸到智利中部，而小路延伸到帝国最远处，甚至通向最与世隔绝的社群。印加的道路是工程学和组织管理的伟大成

▲ 通过蒸发富盐泉水来获取盐，然后通过印加的道路把盐运出去

就。印加帝国也因此获益颇丰。道路工程让整个帝国的居民得以获取过去获取不到的商品，如可可、烟草、辣椒、野果、鱼、肉桂、盐、银、金、黑曜岩、绿松石和氧化物颜料，以及手工骨珠、海贝和不同部落的独特服饰。人和物的联系催生了安第斯地区的一种本地贸易“全球化”，让居民享用到修路之前不可能享受到的食物和物品。

这种小型“全球化”还提升了材料生产效率，原因是专业化中心开始发展壮大，从而进一步繁荣了印加帝国的经济。例如，银被开采出来并在一个地方冶炼，然后通过道路体系运输到另一个地方，加工生产成人工制品。这种交流可能还涉及早期的农学家，他们为这种运输提供了食物和驼队。为加快物资交流，印加人修建了仓库和驿站来定点存储货物和短暂歇脚。除了用来存储食物、供给物和武器，这些建筑（tambo）还用来为印加的劳动者举办国家出资的公共盛宴。

印加的道路还有意识形态作用。它赋予统治

者从帝国的中心库斯科出发，接触帝国最远端的手段。印加帝国的疆域分成四个主要的政治区（苏尤），每个苏尤通过广阔的道路网与帝国中心和其他苏尤相连，从而确保帝国是一个互联的整体。居于库斯科的统治者和他们的肱股之臣还享有优先使用道路的权利，而普通居民没有这种权利。严格来说，道路和在道路上行走的人就是在向当地百姓彰显着印加领导者的强权。

道路还用来消除不同部落之间的隔阂，将其聚拢在帝国的统治之下。举例来说，厄瓜多尔北部的部落群派斯卡拉奎（País Caranqui）与印加帝国对峙了 10 年，最后被征服。他们投降后，印加把道路修到他们的领地，以确保印加帝国参与那里所有的贸易。如果说这种彰显权力的方式还不够明显，那么印加还在一些道路上设置了金字塔型石堆地标来标识其领土的边界。

道路运输的不仅有物资，还有人。很多人出去做工来抵税。这种劳动力称为“米塔”。他们的工作是修缮、延长和维护道路系统。很多由米塔维护的道路是在印加帝国建立之前修建的。印加人采用的修路方法与之前道路的修建方法类似。

新路段的设计主要取决于当地资源和可用的劳动力、地形和道路的预期用途。包括草地、山峰、潮湿林地和沙漠在内的生态区的道路必须用到不同的建造技术。但印加人仍然迎难而上，努力在不同地形上修建道路。他们在有牧场和水源的地方修建宽阔的道路，让驼队通行。有些路面

▼ 印加的道路总长超过 3 万公里

▲ 石头堆成的金字塔型石堆用来标识印加人管辖的领土

甚至有 140 米宽，被分成不同的车道。而在没有牧场和水源的地方通过的主要是行人，因此道路不需要太宽。同样，在平坦、干燥、少有人行的地方，道路就可以修建得简单一些。

这些地方的“道路”不过就是用石块或木条来标记边界，或者挖出地里的石块而形成的小路。印加人经常努力修路来联通远近的地方，虽然这意味着要穿越沼泽地，横跨狭长的深谷。因此，在印加修建道路的工程差异很大，从简单而频繁使用的小道到复杂且费力、足以让进犯的西班牙人震惊的机械工程，不一而足。

交通量很大的宽阔路面——如库斯科北部的高地公路——需要考虑的工程需求就很多。碎石路面要安装排水系统。浸水路面有腐蚀的风险，因此比其他道路更需要精心修建和维护。这些建筑结构中还融入了台阶和墙。有些墙的作用是将道路和农场分开；有些墙是挡水墙，作用是稳固路两侧的路基，印加人通过增加这种挡水墙在倾

▲ 有些印加道路两侧建有高达两米的坚固高墙

新连接

印加的道路如何改变当地人的生活？

印加的道路网络是在帝国的统治下建立起来的，其核心思想是为君主服务。为帝国贡献劳力的普通居民在帝国广阔多样的区域进行贸易并从中获益，享受着新商品和国家举办的盛宴。但首要的是，道路是为满足帝国的等级制度而修建的，因此普通居民不能自由地使用。相反，道路首先要为从事国家事务的人服务，如士兵、管理者、信使和国家委托的商人。然而，越来越多的证据表明，道路的存在以及它通过把分散的社区互联而产生的贸易潜力改变了当地经济和很多居民的生活方式。

调查人员弗朗西斯科·加里多（Francisco Garrido）于 2016 年研究发现，在未经国家干预的情况下，不同部落之间的贸易确实增加了，证据是在私人采矿者待过的建筑里发现了很多外来物资。加里多还发现，这些工人曾在印加道路附近工作，他们通过丰富自己的手艺而改善了贸易。他的研究区域阿塔卡马沙漠（Atacama Desert）是印加帝国的一个偏远僻静的地方。当地人发现，在这种偏远的、王室触角很难触及的地方，把道路纳为己用更方便。研究显示，印加人认可印加道路并尽己所能地利用印加道路网络来改善自己的生活。

▲ 当地人通过印加道路网络交易当地手工制品，但印加的统治阶层或许并不知道

斜度为 35° 的陡坡上修建水平的道路，这堪称工程界的成就。

在水源充足的地区，水资源的管理成为重中之重。在潮湿地带，如降水较多的地方，印加人修路时会在路两边铺上又大又平的石块，而在路中央铺上小石头。他们在道路两侧挖排水渠来排走多余的雨水。在斜坡地带，有些地方的路面比一米略宽，这是一种尽可能减少路面维护的策略。为此，印加人有时会用石头建造排水渠，从而延长道路的使用寿命。还有一些水渠是用木头简单搭成的，这意味着需要经常维修。

但无论哪种情况，道路都需要定期维护，原因是水渠中会不可避免地堆积残屑和植物。这个工作由维护官员负责，修建和维护这些道路都需要大量人力。

在某些情况下，人们在沼泽地和浅海湾修建道路。这种地方的道路可达 16 米宽、20 公里长。道路建造在石头和土垒构成的堤道上，把地面抬

▲ 印加秘鲁胡因赤瑞村的绳索桥如今还在不断翻修

高到水平面以上。而在泛滥平原或溪流，用土垒来阻挡水是不可行的，于是印加人修建了可通过的涵桥。这种涵桥的主要建筑材料是一组石柱和置于石柱顶端的大块厚石板。石板的作用是让水从石柱的缝隙中流过。

这些涵桥是印加人建造的简单有效的桥梁工程的典范。印加人还在这些涵桥的基础上运用了更复杂的建筑工艺，形成悬索桥，使得他们可以穿过秘鲁的深谷。这些悬索桥的建筑材料主要是藤蔓、树枝和草拧成的纤维缆线。三条缆线附在桥两端的石头基座上，上面搭上木板供人们行走。另外两条缆线用作扶手。桥梁的设计决定了承重在峡谷的两端。由于采用的材料较软，因此桥梁中间下陷，经过时会摇晃。这让来犯的西班牙人很紧张。他们一面惊叹于印加人在工程上的成就，一面又担心桥梁的安全性。

和石制建筑不同，绳索桥需要经常维护和不断重修。如今已没有完整的原始绳索桥了，但秘鲁胡因赤瑞村（Huinchiri）的居民如今仍定期重建他们的印加桥，目的是延续祖先留下的遗产。尽管修建和维护桥梁需要大量人力，但这种悬索桥能方便印加人在空中快速走过近 40 米，这无疑节约了大量时间。这些建筑让很多其他部落敬畏。据说，其中有些部落在见证了印加帝国的杰作后直接向印加王称臣。

印加是历史上快速扩张的帝国中最成功的帝国之一。他们通过军队、工程学上的独创性、高效的管理和精明的权术战胜了无数挑战和艰难。而这些伟大成就与印加的道路密不可分，这些道路对印加帝国的任何成就都至关重要。印加的道路不仅仅是连通帝国的物理网络，还沿着帝国广阔的版图传播着印加的价值观念。

信仰和农业

信仰神明和耕种土地决定了印加生活的方方面面

126

107

121

132

111

初始

印加帝国信仰中的诸神支撑了印加生活的方方面面

爱德华多·阿尔伯特

传说，鸿蒙之初，伟大的创世神维拉科查创造了大地和天空。看到天地间空空荡荡，他又创造了巨人。不过，虽然维拉科查创造了天地，但他还没有在天上挂上太阳，巨人族在无边的黑暗中行走。这些最初的人类不服从他们的创造者，变得骄傲自大，让维拉科查不悦。恼怒的维拉科查摧毁了这第一批人类。他把有些巨人化作巨石（挺立到如今）；用高过山顶的大洪水淹没剩余的巨人。在所有人中只留下两个人——一个男人和一个女人在洪水中幸存下来。他们躲在一个盒子里顺水漂流，直到洪水退去。这个时候他们漂到了的的喀喀湖东南的蒂瓦纳科。蒂瓦纳科是维拉科查的家乡。创世神维拉科查就用这两个人繁衍出了不同人种和民族。他用泥人捏出不同的民族，让泥人穿上各自民族的服装。他把各种泥人放在面前，朝他们吹口气，泥人就活了。天神为泥人注入了生机和灵魂。

的的喀喀湖旭日升起。根据印加神话传说，世界上
太阳第一次升起就是在这个湖中的小岛上

▲ 修建马丘比丘最初的目的可能是将其作为统治者帕查库蒂的度假胜地

维拉科查看着眼前的人，命令他们到地下去。这些人按照他说的去做，在地下穿行，在合适的地方出来，有些人从山里出来，有些人从树里出来，有些人从泉水中出来。每个新民族都建造了一座神庙来标记他们的祖先从地下出来的地方。

为照亮大地和天空，维拉科查点亮了太阳并创造了月亮和星星。然后，这位伟大的天神命令太阳、月亮和星星来到的的喀喀湖中央的一座小岛，从那里升起，永远照亮他从泥土中创造出的各个民族。

太阳神因蒂以一个男人的形象在天空升起，向下面的人（印加人和他们的首领曼科）喊话。他说："你和你的后代将成为很多民族的统领者。把我当作你们的父亲。你们是我的孩子。你们将崇拜我。"

▲ 维拉科查的形象一般手握两根节杖，如玻利维亚蒂瓦纳科的这尊石像

作为与印加人契约的象征，因蒂送给曼科·卡帕克一个头饰和一把战斧。伟大的天神维拉科查命令太阳、月亮和星星爬上天空。他为星星设定好了位置。

维拉科查命令曼科·卡帕克和他的族人再次来到地下。印加人之父曼科·卡帕克从帕卡里坦普的山洞中走出来，看到了世界上太阳第一次升起。

世界的黎明出现——至少可以说，这是印加起源神话的一个版本。各种版本的神话传说中可能有一些明显的冲突，这可能是因为记录者误解了他们所听到的故事。但从另一个角度来说，多神论、泛神论的神话本身就可能出现矛盾，尽管这些明显的冲突常常是宗教实践发生变化的结果。

印加的宗教见证了诸神的起起落落，在入侵者到来之前的短暂全盛期亦是如此。上述关于印加起源的神话证实了某些已经出现在印加宗教思想和神话创作中的内容。根据学者的研究结果，印加社会的伟大变革发生在 1438 年帕查库蒂上台执政时。这位印加统治者把库斯科王国变成了印加帝国。（大多数考古学家还认为马丘比丘是帕查库蒂下令修建的，这座山顶之城最初是作为帝王的行宫而建。）

▲ 库斯科，印加帝国过去的都城，世界之巅。如今的武器广场灯火通明

击败昌卡人之后，印加开始走向强权之路。胜利被一个人物的幻象所预示——这个人一身印加人装扮，腿边卧着几只美洲狮，胳膊上缠绕着蛇。此人告诉帕查库蒂他定会取胜并征服很多部落。帕查库蒂认出这个人是维拉科查。为感谢维拉科查，帕查库蒂向印加人介绍并普及这种信仰，将维拉科查描述为创世神，将他的地位提升到其他历史更悠久的诸神之上。

世界上的其他神祇也发生了类似的变化。例如，在印度，入侵的吠陀部落（Vedic tribes）的天神因陀罗（Indra）最早是诸神中最受尊崇的，但逐渐被毗湿奴（Vishnu）和湿婆（Shiva）所取代。维拉科查最初很可能是平民所信仰的神祇，而帕查库蒂将他的地位提升到了帝王之神，是居住在距印加帝国首都库斯科 50 公里的乌尔科斯的瓦卡（huaca）。

瓦卡是印加宗教的一个重要概念，它最佳的解释应该是“圣洁”。瓦卡是神圣的，但很多地点、物种和民族都与神圣有关，因此很多事物都可以被描述为瓦卡，包括现实世界中的寺庙、墓地、山峰、洞穴、溪流、岩石和树木；超自然的灵魂、梦境和死去的祖先；人类活动的仪式等。

这些都可以被称为瓦卡，因为这些都可以代表哈南·帕查（Hanan Pacha，上层世界，其标志是安第斯秃鹰）和乌库·帕查（Ukhu Pacha，地表内或低层世界，其标志是蛇和地下深处）交界处的卡伊·帕查（Kay Pacha，

▲ 根据编年史学家加尔西拉索 · 德 · 拉 · 维加的描述再现太阳节，自 1944 年开始在秘鲁萨克塞瓦曼举行

印加新年

太阳转动的节日

虽然印加帝国通过战争扩张，但它的根基是农业。因此，冬至日既是每年最重要的日子，又是其信仰体系的核心。太阳节（因蒂的节日）标志着冬至日的到来。由于印加帝国在南半球，因此太阳节在 6 月。在印加的神话传说中，太阳神因蒂在 6 月 21 日返回地球。这就是这个节日的起源。然而，在返回地球的前三天，因蒂非常虚弱，紧紧依附在大地上。6 月 24 日，恢复活力的太阳神再次升上天空，印加人才开始庆祝新年。整个印加帝国都过因蒂的节日，但首都库斯科的庆典最为盛大。在那里，太阳节的前三天，印加王和贵族要斋戒，只吃白玉米和药草。6 月 24 日，也就是因蒂升起的日子，祭司重新点燃中心寺庙的火炬，人们要喝一种用玉米制成的神圣饮品。之后庆典开始。在三天的节日庆典里，人们大快朵颐、载歌载舞，在身上彩绘（明黄色），向诸神献祭。最后，酒足饭饱的印加王返回王宫，一路上沐浴着羽毛和花瓣雨。

▲ 的的喀喀湖库阿提岛（Koati Island）上的印加寺庙废墟

死去的人被做成木乃伊。人们在家族庆典时把他们抬出来，喂他们食物和饮品，以维持他们在灵界的生存。

中间世界，其标志是美洲狮。中间世界是人类生活和活动的地方）。这里到处都有被称为瓦卡的地方，因作为在人世间之上和之下的两个伟大国度的连接点而充满力量和神圣气息。

瓦卡可以是民族或仪式，但大多数情况下是地点，是本地人眼中作为神灵的家园或载体的地方。它将物质与精神连接在一起，因为印加王本人把人和神融合在一起。瓦卡也常常是部落首领的图腾。

印加的征服者常常刻意损坏或亵渎被征服部落的瓦卡，从而切断败北一方的首领与他的精神力量之间的联系，展示征服者的神灵在哈南·帕查（上层世界）战胜了当地的神灵。

然而，瓦卡不是物质世界中精神的孤立代

表，而是一个地方的热点（hot spots）。这个热点被想象成被称作塞魁（ceques，进行宗教仪式的路径）的神圣视线的交织点。塞魁连接着所有的瓦卡，这些瓦卡以精神力量的形式呈放射状排列，其中心是库斯科。每个瓦卡在印加日历上都对应一个圣日。

瓦卡还以一种特别走心的方式与逝者相连。逝者，尤其是家族的族长一般会被做成木乃伊保存在家里，在家族庆典或葬礼时抬出来，有人喂食物和饮品来维持他们在灵界的生存，从而维护生者和逝者之间的良好关系。除了家庭聚会，人们还会通过占卜来询问逝者的意见，从而了解神灵的喜好，请求逝者代表活着的亲属向神灵说情。

宗教仪式也是一种瓦卡。印加王也是瓦卡的代表，其神圣地位使得他可以制定一些独特的、打破禁忌的习俗，包括迎娶自己的亲姐妹。这些习俗是帝王独享的，也彰显了他在三界之交的独特身份。

▲ 印加时代残存的遗迹中的太阳神因蒂形象

死去的祖先得到告慰、食物和祭品，就像印加的神灵一样。印加所有重要的日子都要向神灵献祭。有些祭祀仪式是日常事务，如在热煤上烤熟玉米这样的晨祭。这种祭品要献给太阳神，从而保障印加人作为太阳神因蒂子孙的地位。还有每日焚烧印加王斗篷的仪式。为标记每个太阴月的起始，印加人把一群白羊驼赶到库斯科的大广场上，在诸神像前放牧，然后在众祭司面前把它们分开（每头羊代表太阴月的一天）并献祭。人们用圣火来烤羊驼肉，把它们的骨头碾碎，用作每日仪式上的粉末。

所有重要的日子都要向神灵献祭。有些祭祀仪式是日常事务。

虽然印加人不会像阿兹特克人（Aztecs）一样大规模用活人来献祭，但他们还是会把人献给神。被献祭的人的数量和品质取决于不同场合和需求。新王即位要进行一次大规模献祭：用200个最纯洁无瑕的孩子来赢得诸神的宠爱。印加王用来献祭的人大多来自被征服的部落。

普通人中流传着一种说法，即献祭儿童最能赢得饥渴的神灵的欢心。过去几十年间，考古学家在安第斯山的洞穴中发现了这种说法的令人痛心的证据。他们在那儿挖出了儿童的遗骸。这些尸体在寒冷干燥的环境中变成了木乃伊，仍然保存完好。当时的人把这些用来献祭的孩子带到山里，喂他们吃下干古柯叶（可从中提取可卡因）和酒精这类东西，让他们失去知觉、迷失方向，在他们昏迷时放弃他们。寒冷的环境让他们在昏迷中渐渐死亡并被完好保存下来。

新王即位要进行一次大规模献祭：用200个孩子来赢得诸神的宠爱。

由于印加人居住的地方每隔几年就要受地震、火山喷发或厄尔尼诺现象等天灾滋扰，因此他们一定觉得神灵诡谲多变。这或许可以解释他们为什么要用活人祭祀（大多数献祭的儿童都是从被征服的部落中挑的，而不是印加人自己的骨肉）。

安第斯山各民族民间宗教的所有元素都融入了印加国教。印加国教支撑并维护了印加王的地位以及印加帝国的统治。过去占据主导地位的生育女神帕查玛玛（对其的信仰很贴合农民的需求）的地位弱化，让位于太阳神因蒂和他的后裔，包括伟大的创世神维拉科查和印加人的祖先曼科·卡帕克。维拉科查的宗教受众限于印加帝国的贵族。

通过这种对神话体系的调整，过去的省城库斯科成为了印加帝国的政治中心和精神核心。根据本地神话中的的喀喀湖所发挥的关键作用，这

▲ 蒂瓦纳科太阳门，门顶部刻有维拉科查的形象，摄于1909年

缔造了庞大帝国并将维拉科查神的地位抬升为帝王之神的帕查库蒂

皮库鲁纳山体上雕刻的令人惊叹的维拉科查神像，旁边有粮仓建筑，秘鲁奥扬泰坦博

印加的神

印加人信仰的神有很多，此处介绍的是最重要的神

▲ 苏帕伊（Supay），印加死亡之神，20 世纪玻利维亚面具

印加的神话体系中有很多神，而维拉科查和因蒂是印加国教中最重要的神。还有很多神在印加人——大部分是农民——的生活中扮演着重要角色。在这些神中，最著名的可能要数天气神尤拉帕（Illapa）了。印加的农民依赖雨水生存，但又惧怕山间的暴风雨，因此尤拉帕是抚慰农民的重要力量。他用银河之壶（在高海拔和安第斯山空气清新的地方更亮）来降雨。月亮女神玛玛 · 基利亚是因蒂的姐姐和妻子，维拉科查的女儿。她是光的化身，流银色的眼泪，在她的庙宇接受神圣女祭司的服侍。因蒂居住的地方是哈南 · 帕查（上层世界）；而死亡之神苏帕伊居住的地方是乌库 · 帕查（下层世界）。

座位于世界之巅的湖泊（海拔 3812 米）应是世界的中心。神话传说和考古证据都佐证它确实曾经扮演过这个角色。

然而，库斯科位于的的喀喀湖西北方向 300 公里处，因距离太远而无法分享的的喀喀湖的核心地位。但印加人有一张神话王牌，那就是他们的文化英雄和祖先曼科 · 卡帕克。当曼科 · 卡帕克和他的妻子玛玛 · 奥克略离开帕卡里坦普山洞时，因蒂送给他一个礼物：一根金杖。清晨，这对夫妇离开洞穴开始漫游世界。他们一路向北直到来到后来被称为库斯科的地方，这根金杖从曼科·卡帕克的手中掉落下来——它没有掉在地上，而是深深地插进了地里。

太阳神的礼物从文化英雄的手中掉落，标记了世界之极，这里也是精神力量积聚以及政治权力指向的地方——库斯科注定是世界帝国的中心，而印加的崛起只是诸神指令的一个表现。

关于曼科 · 卡帕克来到库斯科并将其打造成为王国首都和新印加世界秩序的核心的故事还有很多其他版本。这是多神宗教的特点，不同的、甚至是互相矛盾的故事最终指向同样的结局。

有如罗马人欣然将地方的诸神请进万神殿，不断征服外邦的印加人也非常愿意接纳各地信奉的诸神，前提是各地的贵族愿意臣服于印加的统治。

▲ 印加太阳神因蒂的形象

对印加人来说，这个有关曼科·卡帕克的故事既赋予了库斯科作为帝国首都的合法地位，又赋予了印加王及其贵族的权力和特权，包括印加王可以迎娶自己的亲姐妹和规定武士阶级佩戴的徽章、饰物和珠宝。

有如罗马人欣然将地方的诸神请进万神殿，不断征服外邦的印加人也非常愿意接纳各地信奉的诸神，前提是各地的贵族愿意臣服于印加的统治。印加人会宣布各地的神作为印加的王室诸神，将其迎进印加的万神殿。

各地的瓦卡也是一样。只要被征服之地的贵族愿意归顺印加帝国，印加帝国就会接受那里的瓦卡。相反，顽固抵抗的地方的瓦卡会被摧毁并重建，融入印加塞魁体系（塞魁体系将遥远的疆土与帝国的核心库斯科联系在一起）。在印加人眼中，哪里的神是至高无上的，这个问题没有答案。

▲ 的的喀喀湖太阳岛上的太阳庙遗址

▲ 的的喀喀湖太阳岛上的祭坛桌，据说用于活人献祭

传统婚礼如今仍在印加的神圣谷进行

爱情和婚姻

当婚姻作为一种家族事业，
印加人如何寻找爱情呢？

艾尔莎·哈维

如今的婚姻被视为浪漫爱情的见证，并不是一种必需品或者期望，两个人彼此感受到幸福而结合在一起。然而，对印加社会来说，婚姻是第一位的。这是所有年轻人的必经之路。不结婚就不会被当作成人看待。而且，结婚是必需的。

如今，一个 16 岁的美国女孩儿生活的重心可能是读书、交朋友，在成年的过程中不断发现和了解自己。而在印加社会，这个年龄的女孩儿就要面临婚嫁。如果她们自己还没有找到合适的对象，那么家人就会给她们安排合适的男孩儿结婚。新郎一般会年长一点，因为印加男性一般到 20 岁才可以结婚。

▲ 参加婚礼的宾客穿着传统印加服饰入场

为印加的年轻人选择配偶是一件重要的事，没有人可以不结婚。在年度盛会上，每个村子的负责人会把所有尚未婚配的 16 岁女孩儿和 20 岁男孩儿聚集在一起，随机为他们配对。接下来的程序进行得很快。

如今的婚戒象征着永结同心，很多人会在求婚仪式上向对方献上婚戒，期待听到对方说“我愿意”。而在印加文化中，这个流程有所不同。不是女孩儿说“我愿意”，而是女孩儿家的另一个人说。男孩儿会去女孩儿家，为她的右脚穿上鞋。这象征着这个男人愿意照顾她一生。

虽然印加的年轻人结婚不一定是因为彼此选择对方，但这不意味着他们不可能产生爱情。有时配对不完全是父母操控的。当两个年轻人彼此爱慕，他们有时会在每天遇到时互诉衷肠。他们不需要长辈来安排，当一个男子爱上一个姑娘，他可以告知父母来求得他们的同意。

最后，当决定结婚时，作为主角的两个年轻人的话语权可能最小。如果有两个家庭希望他们的儿子娶同一个女孩儿，他们会竞争。诉说一方更合适这个女孩儿的不是准新郎，而是他的家庭。这个村子的负责人来做最后的决定。

结婚的吉日会举办庆祝仪式，流程包括宴会、赠礼和表达对美好婚姻生活的祝愿。新娘通常会为新郎准备礼服，送他衬衫、头饰带和婚礼披风的金属徽章。有时候，村子的负责人会安排

▲ 新人的房子是用当地的石块或类似黏土的材料建成的

年度婚礼，新人集体结婚。这种大型活动旨在依法让大龄未婚的人成婚。新郎会给新娘家送一袋子可可叶。新娘家接受赠礼，也就意味着接受两家联姻，两个年轻人就成为了丈夫和妻子。

王室和贵族结婚时，新郎的家族会在婚礼之后为新人建造专门的新房，这样他们就可以开启自己的新生活了。对普通人来说，妻子一般会到丈夫家居住。得到一个新的家族成员对一个家庭的生计来说大有裨益。印加社会的妻子会在家中做家务、照看孩子，成为家中的一个劳动力。这可能更像得到了一个劳工，而不是一个家庭成员。

尽管印加人的婚姻是由家庭安排的，但婚姻关系如何发展还是这对新人说了算。结婚是建立在试婚的基础之上的。如果一对年轻夫妇完全无法共处，那么婚姻关系有时也会破裂。如果结婚几年之后妻子不开心，那么她就可以搬出新家回到娘家。有时可能是丈夫做出这样的决定，他会要求妻子离开他家。如果一对夫妻已经有了孩子，那么试验阶段就宣告结束，他们的关系就稳固了。印加社会的婚姻方式更注重统筹安排，亲情纽带比浪漫更重要。但是这种试婚提高了年轻人寻找幸福的概率。如果足够幸运的话，还是会遇见爱情。

发光的东西

这个金光熠熠的金色印加文物收藏于秘鲁利马国家博物馆。印加人认为金子是太阳神的象征，黄金可以用来制作各种仪式用品。这件文物表现了太阳神因蒂的形象。

历史宝藏

微型金美洲驼

献给山神的祭品，1500 年

印加人认为金子是太阳神因蒂的汗水，象征着太阳的再生能力。由于印加人把印加王视为因蒂的后人，因此所有的黄金都属于印加王。黄金是理想的祭品选择，原因是它不会像其他金属一样生锈，也不会像食物一样腐烂。然而，西班牙人征服印加帝国后，熔化了印加的金银器物归于自己所有，图中这样的小雕像是稀有的幸存者。相比之下，黄金对印加帝国没有任何实用价值，印加人把它视为神圣的金属。

美洲驼是印加的必需品，其原因主要是印加人的其他家畜仅限于豚鼠和羊驼。美洲驼有多种用途，比如提供肉食、做衣服的皮毛和种庄稼的肥料，还有作为交通工具以及驮畜。除此之外，美洲驼的皮毛还可以抵御山地的高海拔和寒冷天气，因此印加人成千地饲养它们就不足为奇了。

美洲驼也被用来献祭给神灵，而微型金美洲驼雕像常用来和微型人物雕像一同作为山神的祭品，一般和活人祭一起出现。在诸如印加王去世这样的重要日子或者为终止干旱等天灾时，印加人会举行被称作卡帕克·胡查（cápac hucha）或者卡帕科查（cápacocha，意为“王室之罪”）的献祭仪式。

▲ 有些献祭仪式在尤耶亚科火山（Llullaillaco）山顶举行

纯真健康的孩子也被选作祭品。他们被视为印加人民最理想的代表。印加人认为被选作祭品是极大的荣耀，被选中的家庭要主动把孩子献出来。这些孩子会在安第斯山的高处被献祭。西班牙编年史学家胡安·迪·贝唐佐斯（Juan de Betanzos）曾描写过卡帕克·胡查仪式的情景，但很重要的一点是，我们要知道，西班牙人的记录可能会刻意丑化印加文化，从而为西班牙入侵和毁灭印加正名。

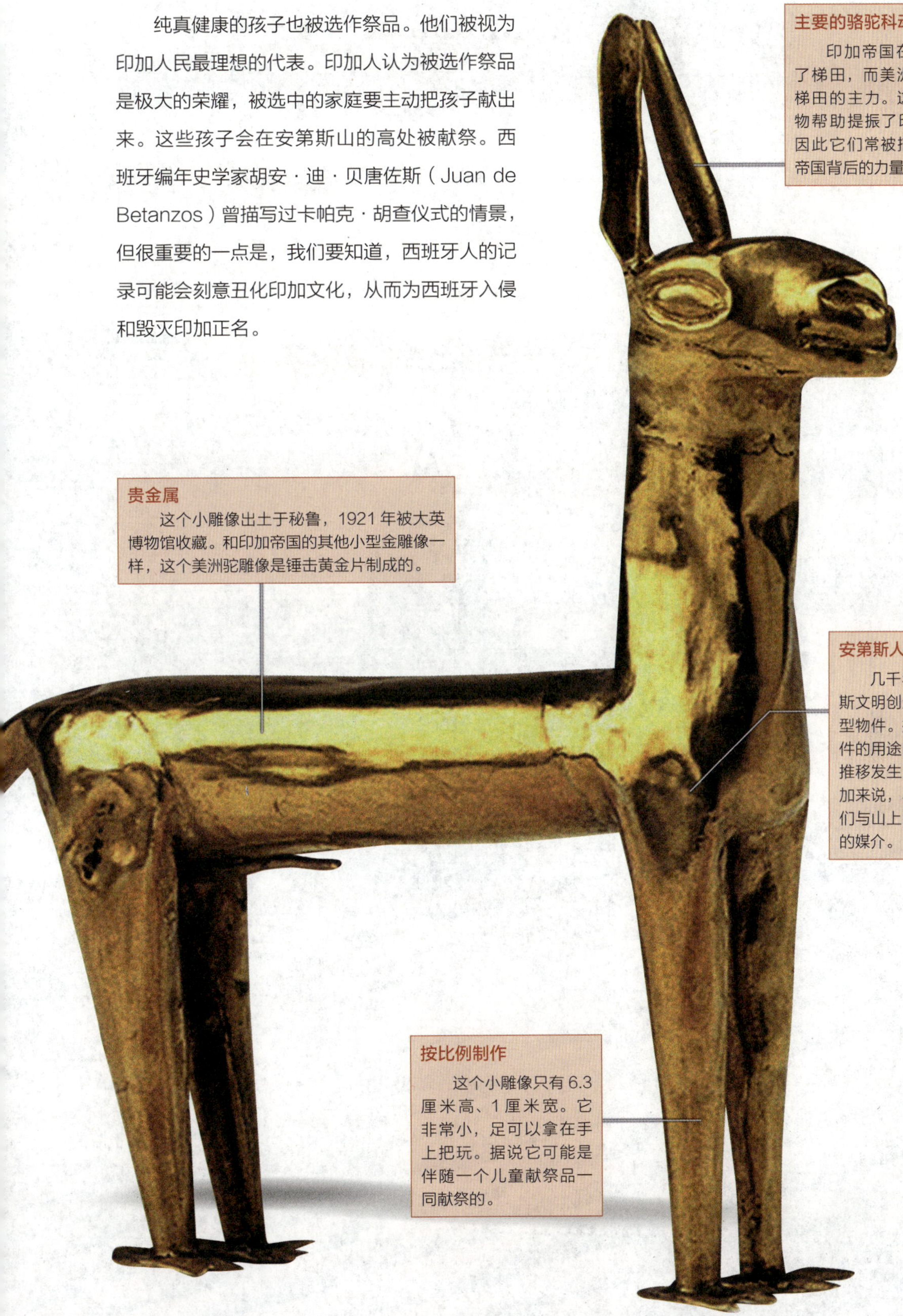

主要的骆驼科动物

印加帝国在山上修建了梯田，而美洲驼是耕种梯田的主力。这种哺乳动物帮助提振了印加经济，因此它们常被描述为印加帝国背后的力量。

贵金属

这个小雕像出土于秘鲁，1921 年被大英博物馆收藏。和印加帝国的其他小型金雕像一样，这个美洲驼雕像是锤击黄金片制成的。

安第斯人的信仰

几千年来，安第斯文明创造了大量微型物件。据说这些物件的用途随着时间的推移发生演变。对印加来说，小雕像是他们与山上的神灵沟通的媒介。

按比例制作

这个小雕像只有 6.3 厘米高、1 厘米宽。它非常小，足可以拿在手上把玩。据说它可能是伴随一个儿童献祭品一同献祭的。

印加的艺术

回到印加人用自己的努力创造出的艺术世界

妮娜·马蒂耶洛·阿扎德

历史

印加帝国是从秘鲁的高地崛起的，其执政中心是库斯科市。从 13 世纪早期到 1572 年被西班牙人征服，印加人在前哥伦布时期的南美地区繁衍生息。对外扩张让这个国家在鼎盛时发展成为人口超千万的帝国。

印加的艺术——尤其是纺织品——得益于早期的社群，如印加的奇穆人祖先。类似的艺术元素还可以在很多安第斯社区发现，包括夜与日、太阳与月亮、山峰与河谷这样的相对事物。然而，

太阳神因蒂

印加艺术中最出彩的部分……再没有出现在世人面前

全能的因蒂在印加人眼中是一个仁慈的神。他帮助农民种植庄稼，同时也通过日食现象来展示自己的实力。印加的统治者坚信自己是因蒂的直系子孙；印加宗教中最高级的人物也与因蒂有关。太阳神大祭司主持太阳神庙和在那里举行的仪式。

因蒂像位于神庙及其周边社区的核心位置。西班牙人到来时，这座神像被印加人带到了一个安全的地方。在 1572 年前后，西班牙人发现了它，但此后它就消失了，再无踪迹可寻。据说它和其他很多印加艺术品一样被熔化了，因为它是由价值连城的金子制作的。

其他的因蒂象征物逃过一劫。它们的设计一般是四周环绕着 Z 字形射线的脸。在现代南美文化中，因蒂仍存在，太阳节在库斯科恢复了。秘鲁的货币在 20 世纪 80 年代甚至还叫作因蒂，如今称作索尔（sol），而索尔在西班牙语中是“太阳”的意思。

▲ 在库斯科发现的展现因蒂的艺术品

▲ 一位有印加血统的妇女在传统织布机上织布

印加的艺术与现实生活的关联并不大，而是倾向于通过几何图案来表现。印加艺术中对当地建筑、农业和宗教的表现是很抽象的。

失落的艺术

原始印加艺术如今很少见。西班牙人的征服摧毁了印加文化。很多原始印加艺术都被毁掉或者埋葬了，很多金银艺术品被熔掉后打造成了货币，很多神像和祭祀诸神的艺术品也被摧毁了。西班牙入侵者以此来表达他们对印加人信仰的多神宗教的不屑一顾。

然而，西班牙人把自己的艺术流派带到了印加社会。西班牙人征服印加后，印加的艺术家被迫学习欧洲技术，自此西班牙巴洛克风格传入南美。

失落的印加艺术最著名的例子是一尊黄金太阳神雕像。这座雕像是一个呈坐姿的小男孩儿。他的头上射出万丈光芒，身上饰有金首饰。这尊雕像的腹部用来盛放过去的印加王身体主要器官的骨灰。每天这尊雕像都被拿到寺庙的空地上去晒太阳。

因蒂像被存放在太阳神庙（库斯科城的一个神圣的场所）里。太阳神庙里有一座为太阳神因蒂建造的奢华花园。这座花园里到处都是

印加艺术与这个地区出现的其他艺术有所不同，其设计常常是蕴含丰富内涵的抽象几何图案。

▲ 向游客出售的带有印加传统艺术风格的现代艺术品

金银雕像和植物，被认为是用金子建成的巨大玉米地，里面是和实物同等大小的牧羊人、美洲驼、美洲虎、金猴子、鸟、蝴蝶和昆虫。西班牙人征服印加期间，太阳神庙里几乎所有东西都被搬走、藏起来或者摧毁了，只有很少的金玉米穗儿保留了下来。

风格和模式

印加艺术不同于安第斯地区的其他艺术，其风格常常是承载着丰富内涵的抽象几何图案。不同社区甚至不同织工的艺术作品蕴含的意义都不尽相同。自然和动物图案循环出现，如象征着美洲狮尾巴的螺旋或者象征湖泊的蓝色钻石。宗教符号也在印加艺术品中大量出现。恰卡纳（chakana）图案通常被称为印加十字架，它象征着一颗在安第斯山清晰可见的星星，印加人认为它代表着四季的起源。

样式

印加艺术设计中最著名的样式是一个棋盘的图案——托卡普（印加人的图形通信系统），这种图案反复出现。它常常被刺绣、绘制或者印制在布料上，做成衣服或其他成品。非几何图案也常以抽象的方式出现，包括美洲虎、美洲豹、美洲驼、蛇、鸟、海洋生物和植物。

颜色

印加艺术中最早使用的颜色是黑色、白色、

▲ 为纪念因蒂而举行的太阳节重现

► 带有传统图案的印加束腰外衣

绿色、黄色、橙色、紫色和红色。这些颜色都源自天然染料，包括矿物质、昆虫、软体动物、植物和火种。

不同的颜色有不同的含义。红色象征着征服、统治权和血液。印加的国徽，也就是摩斯卡皮查（Mascapaicha）就是用一个红色流苏装饰的。织进这个流苏里的每根红线都象征着一个被征服的民族。

其他有特殊含义的颜色包括：绿色——代表雨林、生活在雨林中的人、部落祖先、雨、农作物生长、可可和烟草植物；黄色——代表玉米，但也会代表黄金，从而彰显王权和声望；黑色——一种更接近灵魂的颜色，常用来表现生死；紫色——同样代表一种与精神世界连接的方式，常被用来象征玛玛·奥克略——印加民族的女性始祖。

媒介

印加艺术在大量不同媒介中存在是有迹可循的。目前已发现的主要媒介是纺织品、陶器和金属制品。很多物品在山区墓地被发现。印加和安第斯地区的很多其他文明会把逝去亲人的遗体做成木乃伊埋葬。其中最著名的埋葬地在如今秘鲁中部高地的卡加坦博（Cajatambo）省。所有的印加葬礼都是以装在棉纺织品中的木乃伊开始的。根据不同家庭的贫富程度，包裹木乃伊的纺织品的精致程度也有所不同。印加社会有些人的墓室内有金银品，而其他人的墓室内只有劳动工具或陶器。

纺织品

印加帝国中心地带的原始纺织艺术品留存下来的不多。然而，在高地的墓地中出土了很多类似的纺织品。我们还看到一些展示如何使用甚至穿戴这些纺织品的图片资料，这些资料来自西班牙编年史家的画作。

对印加人来说，饰物是身份和财富的象征。最华美的布料比金银还珍贵，甚至曾被当作货币使用。同样，那些创作这些艺术品的人在美洲被视为技术最高超、最有造诣的工匠。男性和女性都织布，但普遍认为女性更容易成为技术高超的织工。最具造诣的织工被称作“甘皮卡马尤克斯”（qumpicamayocs），即“精美布料的保留者”。

世人发现了不同的织布设备，包括织小布料的背带式织机、织大布料的水平织机和四杆立式织机。印加的织工还会用线锤把自家的羊毛纺成线。

纺织用毛源自美洲驼、羊驼和骆马。用极其柔软和稀有的骆马毛制作的物品是专门给印加统治者穿戴的，也只有他们才可以成群地饲养骆马。

服装

印加的束腰外衣是由毛织物制成的，上面饰有简单的图案，常常是腰间饰有一个方形图案，颈部饰有一个三角形图案。典型的例子就是标准的军装，其腰间是黑白相间的棋盘图案，颈部是红色的三角形图案。

印加人越富有，服饰上的装饰就越多。饰物包括织进布料里的流苏、锦缎、金属珠和贝壳。取自热带珍稀鸟类身上的羽毛是顶尖的装饰品，仅限印加王室使用。

陶器工艺

印加的陶器由掺有云母（在岩层中发现的一种矿物）、砂子、磨碎的岩石和贝壳的天然黏土制成。加入这些物质的作用是让陶器更坚硬，不易碎。所有的印加陶瓷都是手作的，从堆叠的黏土盘基开始做起。工匠用一块扁平的石头把这些基盘打磨成特殊的形状，然后用两种不同的方法烧制，让陶器变幻不同的色彩。工匠们使用氧化方法（向火焰中添加氧气）将黏土烧成红色、黄色或奶油色的陶器，或者通过还原方法（限制氧气供应）将黏土烧成黑色。

陶器的功能

印加的基本制陶方法主要用来打造精致又实用的陶质器皿。大多数陶器都用来储存物品或者作为餐具。很多陶器上有装饰，有些是锯齿形条纹和圆点，有些是抽象的植物图案。在库斯科城发现的陶器装饰更精美，颜色通常以黑色和红色为主。

印加陶器最常见的形式是球根容器（具有球形器身、长颈、喇叭形口、两个小把手），用来存放玉米。它有尖底座，可以插进地里，从而保证容器不会倾倒。还有一些常见的陶器包括带有动物头形状把手的较大的扁平餐具。还发掘出了碗和一种叫作杰罗斯（Geros）的成对烧杯。

陶器还在仪式中使用。帕查（意为“瀑布”）是一种空心管，形似脚踏犁，上面饰有植物图案。人们把它插进地里，从而让玉米啤酒浸润到土地里，以祈求好收成。

金属制品

和很多印加材料一样，印加金属工艺品上的金属和石头也是有等级的。贵金属是专供印加王室使用的。铜是普通人可以使用的。其他合金主要用于制作实用工具。金银片可以镶在铜上，从而提升铜的耐用性。

金银可以制成很多东西，如珠宝、小雕像、称作“图米”（tumi）的仪式用刀，甚至贵族的

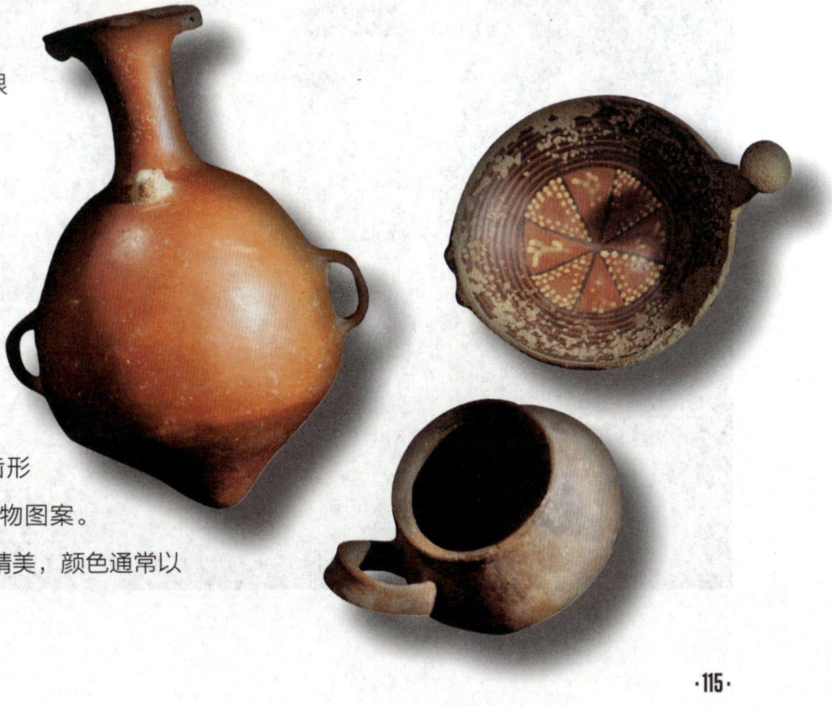

鞋底。印加王室用金银烧杯来喝饮品。使用这些贵金属代表了宗教思想，金子象征着太阳神的汗水，银象征着月亮神的泪水。

铜上面可以镶嵌半宝石、磨光骨头和贝壳。铜也可以用作实用工具。黄铜和青铜用来制作基础工具、农耕设备和武器。印加帝国的所有省份都可以开采黄铜、锡和青铜，因此它们是常见且廉价的材料。

金属的用途

迄今为止，人们已挖掘出大量有金属装饰的印加珠宝，包括耳饰、耳塞、手镯和胸针。不同身份的人佩戴的珠宝上的装饰也不同。

金属还用来打造小雕像。墓穴中出土了很多雕像。小型金银雕像是仅存的印加金器的代表。这些小雕像作为供品放在坟墓中，象征着陪伴死者的青年男女。此外，具有经济意义的动物雕像被供奉在墓地或寺庙中。小雕像价值很高，最具价值的雕像用 18 张金片来打造，细节雕刻得栩栩如生。其他的宗教摆件也用金银打造，通常用来象征印加人认为神圣的自然现象，目前人们已发现的被表现的现象包括太阳、月亮、星辰、彩虹、闪电、瀑布等。

现代艺术

西班牙人大规模摧毁印加文化距今已有近 500 年了。尽管如此，仍然可以在如今的秘鲁和安第斯地区寻到印加遗产的踪迹。

印加纺织品融入了色彩缤纷的秘鲁传统服饰中。这种古老的纺织传统于 2005 年被联合国教

▲ 这个精心制作的葬礼面具是用黄金和蓝宝石打造的

▲ 镶嵌着金珠的印加贵族束腰外衣，来自一个被洗劫的墓室

科文组织认可。20 世纪 60 年代以来，大批秘鲁妇女努力保留和还原其祖先的纺织技术。她们把纺织艺术品卖给游客，从而筹得资金进一步维持这项工作。

金属制品和珠宝制作如今在美洲已实现了大规模生产。如今秘鲁的主要经济收入来自旅游业，因此印加风格的珠宝和雕像随处可见。然而，目前市面上出售的艺术品大多是批量生产的。

我们可以在农村见到独立艺术家的作品。这种艺术品和其他艺术品有所不同，它们更精致。这些手工技巧是通过几代人的传承保留下来的。

印加艺术家也在接受西班牙人带来的影响以及其他艺术风格。印加艺术似乎正努力在现代秘鲁社会中寻找一席之地，很多艺术家仍在复苏印加艺术，以此致敬祖先。

金属还用来打造小雕像。墓穴中出土了很多雕像。小型金银雕像是仅存的印加金器的代表。

小而强壮

这些美洲驼在一些危险的地方被发现

美洲驼雕像是仅存的印加艺术品的一部分。大多数美洲驼雕像不到 6 厘米高，有些有 23 厘米高。据说库斯科的太阳神庙里有和真实动物同等大小的雕像，它们在西班牙人来犯时被摧毁和熔化了。如今人们还原这些雕像，把它们制成纪念品卖给游客。最初，这些雕像是工匠用纯金或纯银手工打造的，是珍贵的物件。

美洲驼对印加人至关重要。它们可以提供驼毛，可以驮重物。它们成为印加社会的代表——象征着慷慨和富足。人们还把它们大量献祭给神灵，尤其是印加人认为居住在山上的那些神灵。

这些雕像常和献给诸神的祭品一同摆放。它们看上去小巧精致，通常成对出现：一金一银。这些美洲驼雕像用来和人类献祭品（通常是儿童）一同献给诸神。这种仪式通常在神圣的山上举行，目的是展示对印加统治者的拥戴。

▼ 像这样的小型美洲驼雕像在曾经的印加帝国地域被发现

印加的建筑

印加人如何修建能经受住时间考验的大型建筑?

巴尔吉特·潘尼萨

印加因其令人惊艳的建筑而著称。如今在秘鲁库斯科省的首府库斯科市及其周边地区仍然可以见到这类建筑。印加曾是南美洲幅员最广、最强大的帝国。印加人用高超的技艺和非凡的知识造出了伟大的城市、建筑、道路和输水系统。

要建立伟大的帝国就要有进出的通道，因此印加人修建了古代世界最先进、最精密的道路网络，它涵盖3万多公里长的道路、桥梁、隧道和堤道，纵横跨越现今6个国家：哥伦比亚、厄瓜多尔、秘鲁、玻利维亚、智利和阿根廷。有些地方的道路海拔超过5000米。修建道路时印加人用到了本地材料。木材、石材和铜用来打造工具，修建道路和维护瓦里、蒂瓦纳科和奇穆在几个世纪前修建的道路。

南美西部有大量复杂地形，包括山地、沙漠和森林。印加人根据自然环境来修建道路，用低矮石墙、铺路石、石桩和泥土来适应具有挑战性的地形。印加的道路大部分宽度在1米到4米，足够一人牵一头羊驼通过。在群山中，印加人在岩石上凿出陡峭的台阶；在沙漠里，印加人用小石块堆成墙来阻挡风沙吹到道路上。原始道路大部分已毁，如今只剩下约25%。

印加人还开发出了一个高效的邮政系统，被称为“查斯基”的信使在整个帝国范围内传送信息。这种体系很像接力，每个信使负责6—9公里的路程，每天可以传送食物或信息240公里。

印加令人印象深刻的石制建筑，最有代表性的是马丘比丘。这座堡垒海拔2430米，由约200座建筑组成，包括寺庙和浴室等，不一而足。大部分建筑是用琢石（ashlar）这种技术建造的，即通

印加古道萨尔坎泰步道穿越云雾林和安第斯山脉，走完全程需要 5 天时间

原始道路大部分已毁，如今只剩下约 25%。

过切割石块使之紧密连接，无须使用灰浆。石块被精密切割并紧密连接，石块间甚至连一张纸都不能通过。这种建筑风格具有工程学上的优势。马丘比丘建在两个断层线之上，处于地震活动带上。发生地震时，石块会“跳舞”——它们会左右移动，但在地震消退后就会回到原位。很多石块超过 20 公斤重，印加人也没有马车用于运输，而是由数百个男人靠人力把石块推到山顶。工匠在山顶对这些石块进行精准打磨。

另一个令人惊叹的工程学杰作是位于库斯科的“库里坎查”（Qorikancha）——印加世界最重要的神庙：太阳神庙。这座神庙神圣非凡，很多墙壁铺着 700 张金箔，每张金箔重两公斤。据说，它的一面墙点缀着绿宝石。原始建筑大部分被西班牙征服者损毁。西班牙人在原址上修建了一座教堂，只保留了原有的石基。数百年后，一场地震袭击了这座城市，严重破坏了这座教堂，但石基仍矗立不倒，这充分证明印加人无可匹敌的工程技能。覆盖在库里坎查墙壁上的大部分金箔被熔化并运往西班牙。

库里坎查的大部分墙壁随着增高而向内倾斜 3—5 度。这是印加建筑的一个显著特色，它使得建筑物呈梯形。由于边角圆润，因此建筑更稳固，不容易在地震中倾倒。印加人还是天文学家，库里坎查的两座高塔被用来标记二至点，确定印加文化中的星座和观测银河。

提普恩（Tipon）被视为印加的输水工程杰作。喷泉、沟渠和瀑布作为贵族乡村庄园的一部分，见证了印加人的创造力和先进的工程

在没有铁制工具、役畜和马车的条件下修建了道路

据估计，萨克塞瓦曼堡垒的原始建筑只有 40% 保存了下来

从草到绳

传承几个世纪的传统如今仍用于造桥

为了连接安第斯山周边的山谷和峡谷，印加人开创性地修建了桥梁，从而进一步扩张和稳固他们的帝国，以及维护帝国内部的秩序。桥梁对印加人很重要，损坏桥梁会被处死。

在印加的道路网中有 200 多座桥梁，很多桥梁甚至比欧洲人修建的石桥还长。然而，随着时间的推移，这些桥梁被毁坏、移动或腐坏。如今只留下了一座绳索桥：奎斯瓦洽卡（Q'eswachaka）。

这座 35 米长的绳索桥横跨秘鲁的阿普里马克河（Apurimac River），距河面高 20 米。每年，四个盖丘亚语社群维奇里（Huinchiri）、朝西班达（Chaupibanda）、科拉那（Ccollana）和寇查华（Choccayhua）会用传统印加技术来重建这座桥。他们用 3 天时间共同用编好的针茅草来架设新桥。印加人把针茅草扭成细细的绳索，再把绳索编成辫，形成 6 根更粗的主绳索。编好绳索之后，他们把绳索固定在峡谷两端的古代石基座上，做成桥的扶手和桥底。草绳桥足够安全，可以承载数十人。

▲ 重修桥梁的传统已经延续了 500 多年

技艺。有一些水道很实用，当地人如今还在使用。这些水道通过山顶占地超过 590 亩的天然泉水来灌溉土地。由于山上几乎没有平地，因此印加人开山建梯田。这种梯田被称作安蒂恩斯（andenes）。

为防止暴雨带来的水土流失，印加人对梯田进行了巧妙设计。这是必要的预防措施，因为安第斯山每年的降水量都超过一米。印加复杂的梯田系统可以管控地下排水系统收集的雨水并将其用于土地灌溉。

修建梯田的成功取决于构成梯田的四个不同的层面。梯田的基础由大石块构成，向上依次是小石块、砂土和表层土。梯田还可以用来在寒冷的夜晚保存热量，防止庄稼因冻伤而受损；在每年较热的几个月释放热量。

库斯科的北面是印加修建的最大建筑萨克塞瓦曼堡垒。为完成这项工程，两万名劳工迎难而上。他们利用各种工具来打磨采石场的巨大石块（考古学家发现了遗留在前往目的地途中的石头，以及在采石场没有打磨完成的石料）。随后劳工用原木、绳子和土路坡道将这些石块运到它们预设的位置上。很多石块上还印着劳工的双手和他们用来打磨石块的工具的印记。有些石块重近 200 吨，成为南美洲 16 世纪之前用于建筑的最大石料。西班牙人到来之后，这个建筑被一块一块地拆解，用于建造库斯科城的其他建筑。只有那些大到无法移动的石块被保留了下来。

在奥扬泰坦博，人们仍然居住在几百年前印加人居住的房屋里。这里可能是保存最完好的印加小镇了。在印加统治时期，印加王帕查库蒂修建了奥扬泰坦博堡垒并居住在这里。这里有仓库、梯田、运河系统等，是一座令人惊艳并具有创新性的建筑群。在附近的山坡上，印加人还用粗石修建了一些仓库，用于储藏土豆和谷物之类。山腰比低海拔的地方更凉爽多风，可以保存易腐烂的物资至少两年。地下的排水沟和沙砾也有助于保存贮藏品。这充分展现了印加人非凡的知识和智慧。

“六块巨石之墙”（The Wall of the Six Monoliths）是奥扬泰坦博最有纪念价值的景点。印加人从附近的采石场运来石料建造了这面墙。考古学家不能确定它的用途是什么，但普遍认为它是用于观察冬至点的。这里还有其他更大的石块。它们被遗弃的原因不得而知。

尽管印加人是从库斯科谷的一个小部落崛起的，但他们在不到一百年的时间里征服并控制了南美洲西部的大部分地区，成为南美大陆前所未有的伟大帝国。这个帝国的崛起离不开印加人非凡的工程杰作、创造力和创新精神。在没有先进工具辅助的前提下，他们在安第斯山脉多岩石的地带修出了道路、用野生植物编成了桥梁、修建了高墙和灌溉渠道。令人难以置信的是，在这样一个地震频发的地方，近500年后这些工程中有很多仍屹立不倒——这充分展示了印加人杰出的凿石手法，这一定会给那些有幸亲眼目睹的人留下深刻印象。印加人将他们的建筑完美融入周边的地形，在设计建筑物时会充分考虑天体和天象。基于这个原因，印加无疑是古代世界最受尊敬的文明之一。

▲ 库里坎查主要用来祭拜印加太阳神因蒂

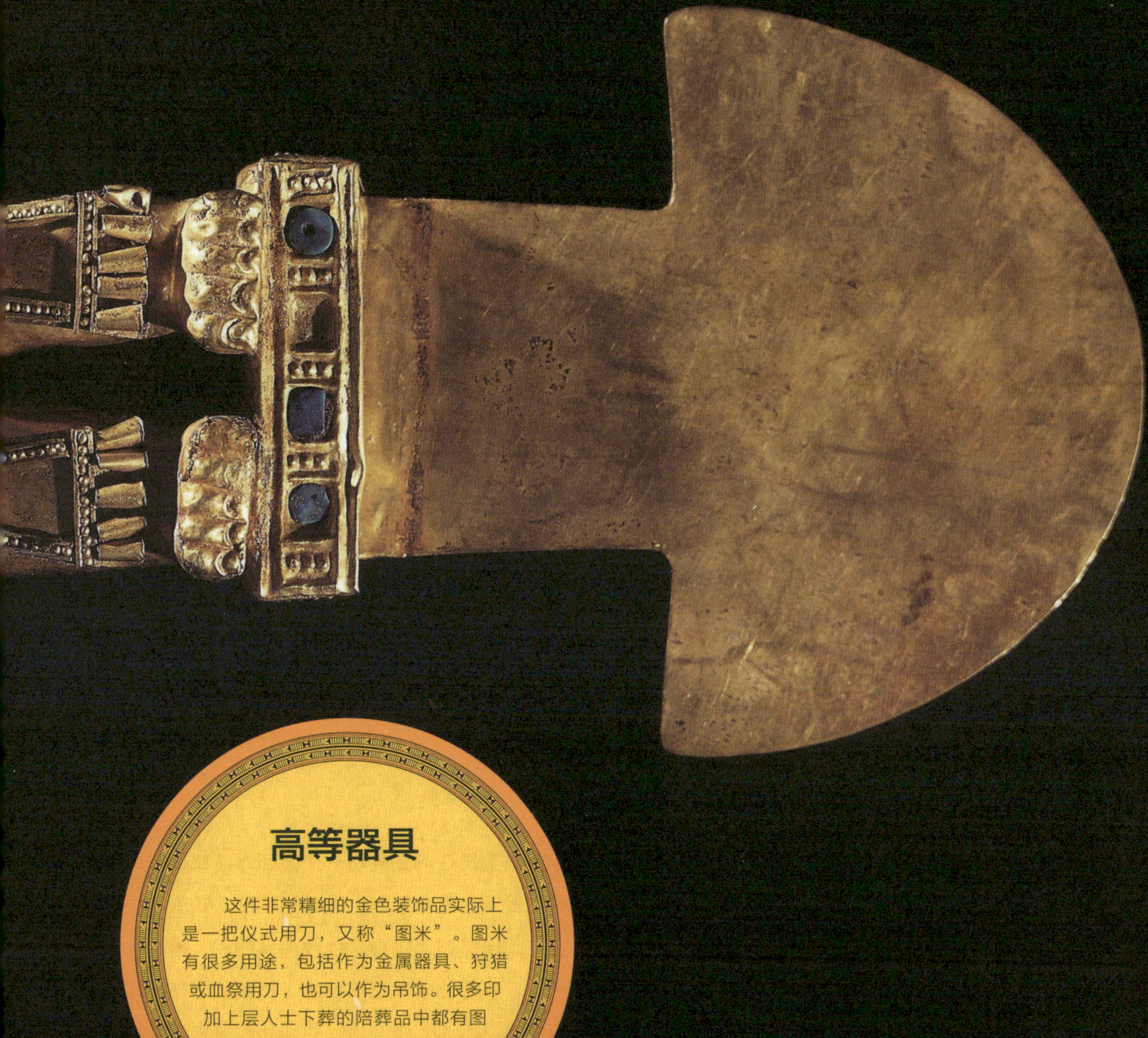

高等器具

这件非常精细的金色装饰品实际上是一把仪式用刀，又称“图米”。图米有很多用途，包括作为金属器具、狩猎或血祭用刀，也可以作为吊饰。很多印加上层人士下葬的陪葬品中都有图米刀。

▲ 当地人每年 6 月会维修保养这座印加绳索桥，目的是保持印加传统的活力

印加的技术

让印加帝国繁荣昌盛的巧妙创新

斯科特·里维斯

西班牙探险家于 16 世纪 20 年代首次来到印加帝国时，惊叹于其与欧洲相匹敌的先进文明。西班牙人穿越村庄、城镇和城市，发现那里的食物足以供养如此众多的人口。印加有集中计划经济、有组织的政府体系和公认的宗教传统。然而，西班牙人进一步观察后发现，印加人没有发展出欧洲基本的技术。车轮、书写和炼铁工具在哪儿呢？——大西洋彼岸多年前就已发明出这些东西。没有上述那些知识和技术，印加是如何建立起社会体系的呢？答案也许不在于印加所缺乏的技术，而在于印加已有的技术。印加人通过巧妙的创新发展出了满足其基本社会需求的替代解决方案。

工具

建造石头城的设备

印加人在没有铁器的情况下仍然在山上建成了大城市。他们有铸造青铜器和铜器的能力，虽然在打造工具时这些较软的金属可能不如黑曜岩——一种可以敲碎、打磨成尖锐边缘的火山玻璃。人们在当地寻找可用的材料用作建筑用石——一般是花岗岩或石灰岩，沿着石料的天然纹理把它们劈开，然后用石头把它们打磨成合适的形状。没有车，人们就用人力搬运这些石料。印加的建筑主要依赖人力建设。

耕种也是一项繁重的体力劳动。印加人用查几塔克拉（Chaki taklla）犁地，查几塔克拉是一种两米长的木制人力脚踏犁。它的尖头有时包覆着青铜，可以划出浅浅的犁沟。在犁具后面，有些农夫会用一个瓦克塔纳（waqtana）——一种木质工具，主要用来碾碎土块。最后，农夫会用一种木制拉卡那（rawk' ana）来除草和收割。在厨房里，印加人用尖锐的石块、石杵和研钵等来做饭。

交通

道路将印加帝国联系在一起

提到修建道路，人们首先想到的可能是罗马人，但印加人也同样擅长修建道路。在印加帝国的鼎盛时期，印加的交通网跨越整个帝国，里程超过 3 万公里。有些道路只是一米宽的土路；还有一些道路铺着耐磨的铺路石，足有 4 米宽。由于当时的人大都是步行，所以这个宽度足够了。主干道是两条平行的自北向南的公共道路：一条沿着海岸线，另一条穿过大山。有一些小路分成很多分支，将城镇和乡村联系在一起。

对印加人来说，崎岖的地形不是问题。他们在堤道上建造夯实的路基，在路基两侧修建扶垛来保证它们在沼泽湿地中稳固不倒。地表水经排水渠和下水道排走。他们用等高线来确保道路的坡度尽可能平缓，虽然在山上不能始终保证这一点。

印加人用野草、棉花和羊驼毛编绳，在上面铺设木条来搭建复杂的绳桥。绳桥横跨幽深的峡谷和山谷。虽然这些绳桥看上去摇摇欲坠，每年都需要重新维修，但它们足以承载负重的小羊驼。绳桥可达 46 米长。

印加人仅用基本的工具就修建了跨越南美洲大部分地区的道路

记事

一个复杂社会的记录

印加人可能没有文字，但他们仍然热衷于记事。他们的记事方法是“奇普”——从一根主绳上分出各种不同长度和颜色的绳，在上面打不同的结。“奇普”的密码现在还未完全破解。历史学家希望有朝一日能找到印加版本的罗塞塔石碑（Rosetta Stone），从而解开印加人的秘密。目前人们认为绳结的位置、样式和数量构成了一种十进制的计算体系。信使把“奇普”带到都城，这样政府官员就可以根据“奇普”来记录征税、仓储和人口的数据。

印加人采用两种独立的历法来计算时间——太阳历和太阴历。太阳历来指示农耕。印加人在库斯科的东西两处共建了四座塔楼，在 8 月和 9 月标记日出日落的位置，从而指示每年的两个耕作时间。而太阴历根据月相而定，用来指示宗教仪式的时间。然而，由于太阴历比太阳历短，因此两个历法要定期调整，否则就会逐渐不同步。

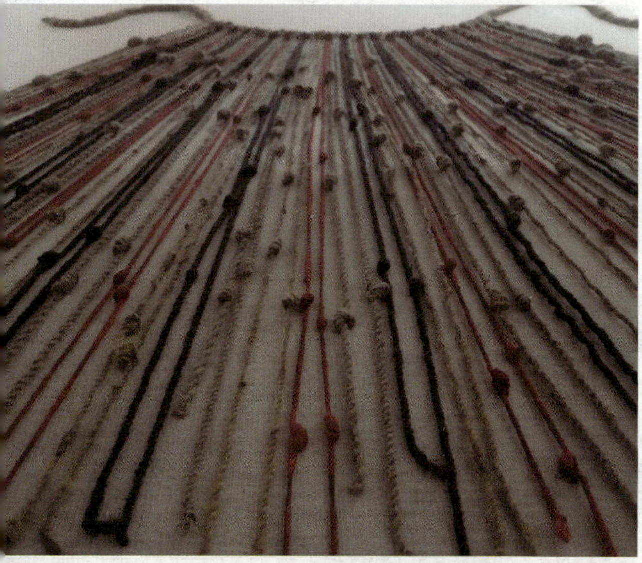

▲ 时至今日，这种绳结传递的很多信息仍然是个谜。历史学家仍在试图解读其中的故事

冲击

在西班牙人到来之后，缺乏某些技术对印加人来说是致命的

克里斯托弗·哥伦布（Christopher Columbus）到达美洲大陆之前，印加人的创新足以满足现实需要。但西班牙人在 16 世纪 20 年代来到美洲后，其卓越技术让印加人望尘莫及。也许印加人最大的弱点就是不掌握炼铁技术。西班牙人身着铁胸甲、头盔和腿甲，佩戴致命的剑、大砍刀、长矛和戟，可以从远处发射弩、火枪和火炮。而印加人只穿着棉盔甲，带着木制和皮制的盾牌。他们的武器只有弹弓、弓箭、棍棒和斧头。

西班牙人还把马带到了美洲大陆。这种动物在后来的岁月中对美洲大陆产生了深远影响。在此之前，印加人只驯养了美洲驼和羊驼。这两种动物都是骆驼科哺乳动物。美洲驼的体型是羊驼的两倍。印加人用它们来获取肉食、毛皮和运载货物，但不把它们当作耕畜或者骑着它们跑远路。

由于印加人没有车，交通运输显得很困难。尽管他们知道通过滚动装置来运输的道理（他们在建筑时用滚动圆木的方式来运送重石料），但印加中心地带遍布崇山峻岭，这就意味着用车运输不是一种有效的方式。

▲ 哥伦布的到来为美洲大陆带来了先进的技术，而这些技术对当地部落造成了冲击

农业

农耕技术让印加人免于饥饿

山区不适合人口数百万的农耕文明发展。为了解决缺乏耕地的问题，印加人在山丘的侧面开垦出梯田，沿着山脉的走向形成长条状的土地。为防止山体滑坡，每层梯田都浇铸了砾石层。中间有一层砂石层，表层是种植玉米和土豆等作物的土壤层。有时一层梯田要种三种作物。首先种玉米，当玉米秆长到一定高度再种植豆类，这样豆类就可以沿着玉米秆生长。最后，再在有间隙的地方种植瓜类。

收获的时候，印加人有一套巧妙的系统来存储越冬，那就是冻干法（freeze-drying）。当气温低于零下，他们用一块布包裹土豆，然后把它们放在室外过夜。第二天把布打开，把土豆放在太阳底下晒。三晚之后，用脚踩踏这些土豆，再把它们剥皮，做成冻土豆泥，也就是秋纽奥（chuño）。这种土豆可以保存很多年。

水

滋养帝国的沟渠和运河

修建梯田是解决耕地匮乏的巧妙途径，但长条状的田地仍需要灌溉。在高海拔地区，泉水和冰川融水通过灌溉渠引到梯田。为避免高降雨量期间出现洪涝灾害，印加人用排水沟把多余的水排走。他们在梯田底部放置一些大石块，从而引导水流走。

为避免城镇干旱，印加人会下大力气修建水渠。他们用石块来建水渠，在接缝处抹上泥土以防水分流失。印加人通过隧道和沟渠来应对天然不利条件。当水量过大时，多余的水就被存储在石水库中。马丘比丘的人工水渠从水源头到古城中心共运载了总长 750 米的水资源，而向彭普注水的运河总长超过 1000 米。这是印加人的伟大成就。他们以此打造瀑布和喷泉，让城市的居民享受在澡堂洗澡的乐趣。

印加人充分利用他们能在安第斯山脉获取的任何水源。他们建筑石制渠道来储存和运输这些水

鸟瞰印加农耕梯田（位于秘鲁库斯科附近的皮萨克的神圣谷考古公园）

食物和农业

在南美多变的气候中生存下去是印加人每天都要面临的挑战——需要每个人尽自己的一份力量

比 · 金格尔

印加人在一个非常多元的环境中生活。他们在安第斯山的阴面、潮湿的丛林和炎热的沿海地区建设家园。然而，无论他们居住在哪里，每个印加人的首要任务都是农耕。人类学家特伦斯 · 戴尔特伊（T. N. D'Altroy）说："印加人是用手中的武器和口中的祷告词来农耕的。"

他们是勇于创新的农民。他们用运河和灌溉系统来改造他们的土地，并且修建多层梯田来让农作物产量最大化。他们还把湿地的水分排干，让它更适合耕作。他们经常轮种庄稼，把鱼头、海鸟粪和干燥的羊驼粪用作肥料，因此每年的收成都很好。然而，这还远远不够，因为疾病、干旱、洪涝和相对恶劣的气候会造成庄稼严重歉收。

印加人用一系列工具来耕种土地，包括脚踏犁、打土块机和锄头。锄头的刃是用削尖的锋利鹅卵石打造的——很简单但非常高效。耕地是集体劳动，男人和女人分别组成小组，边唱边辛勤劳作。男人们锄地，女人们打散土块、拔草和播种。孩子们负责照顾牲口，主要是美洲驼和羊驼。

这些骆驼科动物是印加人生活中不可或缺的。它们提供肉类、皮毛，可作为交通工具（普通居民和印加军队使用）——同时还是移动的财富。每年 11 月，印加要进行一次人口普查，这时要统计所有的动物。有些大型国有牧群有数万头动物。

印加发展出了一个庞大的农耕体系。被征服的其他部落的农场的牧群和农作物作为这个体系的补充。这里的土地和牲畜分成三部分，尽管并不平均。一份献给国王，一份分给当地人，还有一份分给国教组织。这种方法可以保障更大的存储网络，这在艰难时期是无价的。农民被派

▲ 印加人饲养羊驼来获取食用的肉，也把它们作为交通工具

到统治者的土地上工作，以服劳役的形式缴纳税款。农民还帮助完成其他工作，如建筑和铺路。

一个家庭要自给自足。每个家庭都是阿伊鲁（氏族社群）的组成部分。阿伊鲁拥有集体农耕地。为让食物多元化，阿伊鲁会在不同海拔耕种。可可只能种植在低海拔地区，而玉米和土豆更适合种植在高海拔地区。整个阿伊鲁体系是经过周详考虑建立起来的。一对新人结婚后，阿伊鲁会分给他们一块土地，让他们糊口。这块土地大概有 1.5 亩，称作“图普”（tupu）。他们生第一个孩子的时候会得到另外半个图普作为奖励。当某个没有继承人的人去世时，他的土地会被阿伊鲁收回重新分配。

对印加人来说，耕作的一个很大且至关重要的部分是献祭和仪式。印加人信奉很多神明，包括地球神、太阳神，甚至玉米神。印加的上层社会和下层社会的一个共同点就是宗教信仰。这也常常是他们互相交流的主要原因。很多复杂的仪式会从日出持续到日落。主要的节日是每年的太阳节。这一天，人们对一年的收成表示感谢，同时祝祷和献祭，祈求来年有更好的收成。祭品可能是羊驼。羊驼的肺被掏出，用来预测未来。在太阳神节上，已故亲人的木乃伊会被抬出来“观看”仪式。

印加首都库斯科有很多神圣的土地。这些土地上的收成被献给上天，祈求神的祝福。一块土地被保留用于每年第一批玉米作物的仪式性种植。8 月，国王会仪式性地用一把金犁耕地。为赢得神明的青睐，吉开酒会被倒在泉水和河流附近的土地上。豚鼠和羊驼这样的动物会被屠宰用来献祭。

在储存食物方面，印加人开创了一种如今仍在使用的方法：冻干法。他们在山坡上阴凉处用长方形或圆形的仓库来存储食物，这种仓库称作“科尔卡”（qollqa）。这种简单的单房间石屋在印加帝国里有数千个。根据最近的考古发现，这些仓库都排成列，由州官员监管。印加人用干砌法（dry masonry）修建石头建筑。石料紧密衔接在一起，任何东西都无法把它们分开。事实证明，这种建筑对地震有极强的抵抗力，其原因之一是缺乏应力集中点。这些建筑物因惊人的抗震能力而异常稳固。

要让食物尽可能干燥，至关重要的一点是确保存储食物的建筑凉爽。屋顶和地板的通风、排水渠道和砾石地板都有助于降低存储室内的温度。

印加人每天只吃两餐，一次是早餐，另一次是晚餐。他们在地上就餐，不用桌子。他们的饮食主要是蔬菜，因为肉类和海鲜很贵，要等到特殊场合或者食物充足时才能吃到。他们的肉类一般是野味，如鹿肉、鸭肉、平原鼯（南美洲本地的啮齿目动物）肉、美洲驼肉、羊驼肉或豚鼠肉。骆驼科动物的肉做的肉干也是常见的选择，因为它可以加盐、可以冻干，也方便运输。在海边，印加的渔民乘着芦苇做的小船去捕三文鱼、金枪

▲ 印加人种植巴喀豆和仙人掌果

时间轴 印加人一年的生活

卡迈
1月
忏悔和斋戒月

加屯普库伊
2月
献祭月，将大量金银献给神明

帕查普库伊
3月
相对潮湿的一个月，动物献祭

阿瑞华基斯
4月
玉米和土豆成熟

加屯库斯基
5月
收成月

奥凯库斯基
6月
为太阳神因蒂举办盛宴，与夏至日重合

查瓜华尔基斯
7月
分配土地，为种植做准备

亚帕基斯
8月
种植农作物

科亚莱米
9月
为王后举办盛宴，驱逐邪恶的灵魂和疾病

胡马莱米
10月
定期求雨

阿亚马尔卡
11月
敬拜死者

▲ 土豆在太阳下晾晒。不起眼的土豆受到印加人的重视

▲ 烤豚鼠是印加人常见的食物

▲ 在安第斯山脉的一个山谷里种植的玉米

鱼、黑鲈、贝类、鳀鱼和沙丁鱼。捕获的鱼经常被烹饪成有营养的炖菜。

不起眼的土豆受到印加人的重视，以至于他们常常用土豆为死者殉葬。印加人是最早种植这种宝贵蔬菜的人。事实上，“土豆”（potato）这个词就源自盖丘亚语单词“papa”和台诺语单词“batata”。1534 年西班牙人征服秘鲁的时候，这些征服者在寻宝时发现了土豆。他们把土豆带到了自己的船上，土豆能够帮他们有效抗击坏血病（scurvy）。

谷物是印加人另外一种常见的主食，他们将藜麦、苍白茎藜、玛咖和块茎酢浆草用石杵和乳钵磨碎。大部分食物是用木材或羊驼粪、或者黏土炉或石炉烧火做熟的。烹饪方式主要是烤或者煮，烹制的过程中要加入红辣椒、其他香料和草药。印加人的一个特别做法是做爆米花，虽然他们做的比我们如今享用的要粗糙得多。

▲ 印加男人用脚踏犁来锄地，而女人在他们身后播种

印加的“超级食物”

印加人的食物多样且健康

印加帝国的国土横跨四个气候带。因此，印加人可以种植多种农作物，其中包括鳄梨、甜土豆、可可、腰果、角豆、南美番荔枝和南瓜等。如今我们所认为的“超级食物”很多都曾是印加人的口粮。

块茎旱金莲（Mashua）是安第斯地区特有的一种块茎状有光泽的圆锥形作物。它是一种珍贵的食材，兼具药用价值。根据一位名叫科博（Cobo）的西班牙作家的说法，印加国王让将士吃这种食物，从而“让他们出征时忘记自己的妻子”。

印加人的另一个超级食物是苍白茎藜（canihua）。苍白茎藜和藜麦很像，是安第斯地区的特产，有 200 多个变种，已经在这个地区种植千年了。另一种深受印加人喜爱的食物是蛋黄果（lucuma）。蛋黄果产自利马果树（Pouteria lucuma tree），有坚硬的绿色外壳和柔软的明黄色果肉。它经常被比作奶油糖果和红薯的混合物。蛋黄果富含 β - 胡萝卜素、锌、钙、蛋白质、铁和维生素 B_3，能够促进心血管健康，有抗衰老作用。如今，它是冰淇淋和甜品的常见配料。

▼ 果实累累的蛋黄果树

注定灭亡的王朝

内战、疾病、入侵在印加帝国的
毁灭中发挥着重要作用

186

170

151

167

162

188

142

▶ 托帕每次从征服地返回时都会带回比以往更多的俘虏和战利品

托帕·印加·尤潘基

站在印加最伟大征服者的肩膀上，
这位“印加亚历山大”将印加帝国的宏图霸业
向前推进了一步

哈雷斯·阿尔·布斯塔尼

15世纪中叶，在王朝的鼎盛时期，伟大的君主帕查库蒂（第九代印加王）回到库斯科（印加帝国首都）。他的妻子兼姐姐为他生下了一个男孩儿。虽然当时他已有几个婚生儿子，但他感觉到这个孩子身上有某种与众不同之处。帕查库蒂将自己的儿子高高举向全能的太阳神，为其取名托帕·印加·尤潘基。在那个载入史册的盛大日子里，帕查库蒂拿出大量金银进献给太阳神因蒂、大祭司和被称为“瓦卡”的圣石。那是印加有史以来最盛大的节日，他举行了一场史诗级的盛典，让一群孩子在库斯科巡游，然后将他们献祭给太阳神。

几年后，年老的君王意识到自己已不复当年，于是决定放权，从众多儿子中选出一位与他共同执掌这个夙夜不懈一手打造出来的帝国。当帕查库蒂任命最年长的嫡子阿马鲁为继承人时，印加帝国的文官都很高兴，武将则不然。他们认为阿马鲁无法胜任领导太阳底下最伟大军队的任务。经过一番思考，帕查库蒂召集贵族和精英，宣布阿马鲁不具备“像我一样掌控如此伟大帝国的资质”。而后，他把目光转向最小的儿子托帕，把他提升为副王。

又是在那个盛大的日子，又有很多孩子被献祭给太阳神，祈求他能庇佑托帕·印加·尤潘基——太阳之子和子民的君王。托帕坐在金色宝座上，头戴金色王冠，接过羽饰长矛和王室徽章。随后，祭司们用肩膀把他扛到太阳神神殿。他在那里获得了骑士勋章。

▲ 托帕试图强行让所有被征服的民众信奉太阳神教，希望以此统一他的帝国。太阳神教的核心是他的首都和血统

帕查库蒂急于证明托帕的军事才能，于是把他送到秘鲁北部的钦察苏尤开展军事行动，传说那里有数不尽的财宝。托帕率领他的兄弟们和其他将领启程的时候，当地人在路边送别，他们拔掉自己的睫毛并吹向将士们，祝福好运。当众将士经过老国王攻下的村庄时，托帕穿戴上每个村庄的独特服饰和头盔并焚烧动物献祭。为了不负父亲对他的信任，他在向北行进经过安第斯山脉时突袭了敌对的盖丘亚族，接连攻城拔寨。任何胆敢反抗他的人都难逃被木矛刺穿的命运。部族的首领被生擒。托帕冷酷无情的战争机器一路挺进卡哈马尔卡，最远进发到厄瓜多尔的基多。

志得意满的托帕决定凯旋，但他没有直接返回库斯科，而是沿着厄瓜多尔海岸来到强大的奇穆王国，攻占了莫切河——奇穆王国一条重要的生命线。他的军队攻陷奇穆的都城，俘获了他们的君主，并用他亲选的一人取而代之。而后他又攻陷了秘鲁北部的“云端部族”查查波亚（Chachapoya）。托帕班师回朝时带回了前所未有的战利品和战俘。他的父亲深感荣耀，群臣也对他刮目相看。托帕参加了一场极为难忘的太阳节仪式，仪式首尾都安排了酣畅淋漓的狂欢、献祭和舞蹈。

他带领部队赢得了山地、海岸，甚至海战的胜利。

然而，帕查库蒂觉得世上还有更多荣耀和财富可以去挖掘，因此再一次派他的儿子出征。这一次托帕和他的兄弟蒂尔卡（Tilca）和安圭（Anqui）一道去征服基多。他们的军队在接近图米潘帕（Tumipampa）时遭遇了基多和卡纳里（Cañari）的联合部队。这些人生性桀骜不驯，不愿屈服于印加的统治。让印加部队震惊的是，双方的激战一度难分高下。在最后关头，托帕胜在成功突围并获得了后备军的援助。战败的敌人落荒而逃，印加部队乘胜追击，大喊着“库斯科、库斯科！”并将其一举歼灭。

随后，托帕任命了一位总督，并从别处带来了大量移民（因谋生而被迫迁居的人）来重建基多城。短暂的休整之后，这位君王开始向图米潘帕进发。他的妻子在那儿为他生下一个男孩儿，也就是后来的瓦伊纳·卡帕克（第十一代印加王）。虽远离都城多年，但野心勃勃的托帕还是没有返还的想法。相反，他把手下的部队分成三支，开始了征服厄瓜多尔海岸的万卡韦利卡（Huancavelica）的军事行动。他带领部队在当地撑筏者的帮助下赢得了山地、海岸，甚至海战的胜利。

当托帕带着更多战利品、战俘和不同寻常的猛兽返回库斯科时，他再一次获得了英雄的欢迎仪式。令人奇怪的是，这一次帕查库蒂对他的儿子投来的不是骄傲而是忌妒的目光。盛怒之下，

▲ 托帕突出的军事成就为他赢得了“印加亚历山大”的称号

他处死了他的儿子蒂尔卡，理由是他把托帕平安带回来花费的时间太长了。帕查库蒂于 1471 年去世。托帕成为了这个帝国唯一的君主。

托帕急于再次取得举世瞩目的成绩，于是把目光转向安第斯山脉的丛林——那里到处是茂密的可可园，近期刚刚发生过叛乱。他再次把军队分成三支，带领他们深入丛林。然而，习惯了凉爽干燥气候的印加人无法忍受燥热潮湿的环境。一次，托帕在灌木丛中漫无目的地闲逛时终于找到了出路。他让部下爬到树上观察，去寻找人烟，据此沿途修建道路。尽管地形充满挑战，但他们还是攻下了四个强大的部落。

混乱之中，托帕手下的一个卡亚俄人（Callao）逃到了卡亚俄高原，散布谣言称托帕

▲ 按照惯例，托帕迎娶了他的姐姐，她生下了他们的儿子和王国的继承人瓦伊纳·卡帕克

▲ 托帕亲自选定了继承人

坚固的萨克塞瓦曼堡垒位于库斯科北部。堡垒建造过程中未使用灰浆

已死。他狂妄地自称为帕查库蒂并自立为王，煽动有反叛思想的人造反。听闻消息后，怒火中烧的托帕匆匆赶到卡亚俄，只留下一个将领继续征服整个丛林。他直捣四个主要定居点，迅速毁灭了卡亚俄，抓获了他们的领袖。他一鼓作气向南一直打到了智利，活捉两个首领后，在马勒（Maule）河畔立柱划定边界，即帝国的南部边界。

这次军事行动标志着印加扩张的巅峰。军队返还时，托帕慷慨地犒赏了他们。经过多年征战，托帕将印加的疆域从北部厄瓜多尔的基多边界扩张到南部的智利，所到之处万民归顺，称臣纳贡。为统治涵盖众多部落、多种文化的庞大帝国，他决心推行集权。人们被迫离开洞穴、山丘和河岸，建设村庄、堡垒并开垦土地。每个阿伊鲁的

▲ 巡视整个帝国之后，托帕对新近被征服的地区征收重税并要求他们上贡

成员每年要花 3 个月的时间来耕种自己的土地，而一年中的其他时间用来耕种神明和印加王的土地。

急于建立一个更统一的王国的托帕让所有臣服于他的人信仰太阳神教。他们必须承认库斯科不仅仅是王国的首都，还是宇宙的中心，而印加王就是全能的太阳神的直系后代。他还把各部落世袭的贵族转换成一种新型的领袖，那就是库拉卡。每位库拉卡负责管理日益庞大的纳税群体（人数从 100 个到 10000 个不等）。尽管库拉卡的后代可以继承他们的等级（涉及女人、仆人和田地的数量），但不能继承职位。只有印加王可以任命职位。

这位印加王在他新攻下的城池边界进一步修建了堡垒。其中最主要的是强大的萨克塞瓦曼堡垒。这座堡垒建在库斯科北部的高原上。他的父亲总是把库斯科描述为一头无头狮子。两条河流汇聚成它的尾巴，巨大的广场构成它的身躯。如今，在萨克塞瓦曼堡垒，这头雄狮拥有了它的头颅。这座堡垒是工程界的杰作，耗时数年完成，运用了大量人力和有效的组织架构。它的内部用加工过的石料建筑而成，内部仓库充足，用来储存应急物资，以备战争之需。

在监督钦切罗（Chinchero）王室花园竣工

▲ 当托帕结束基多的远征返回首都时，他得到了迎接英雄的欢迎仪式

后不久，托帕就病倒了。他病得太突然了，让人怀疑是有人要谋害他。尽管他最早册立了一位妃子所生之子卡帕克 · 瓦里（Cápac Huari）为他的继承人，但他后来改了主意，册立瓦伊纳 · 卡帕克为继承人。1493 年托帕去世时，卡帕克 · 瓦里的母亲及其同盟声称瓦里才是合理继承人，因此瓦伊纳的叔叔迅速行动，驱逐了瓦里、剿灭了他的同盟和他的母亲。随后的军事行动主要包括巡视被征服的地区来巩固统治或压制远处的叛乱。后世印加王再无法超越托帕——印加“亚历山大大帝”。

太平洋探险

始终在追寻荣耀和战利品的印加王托帕在太平洋沿岸东征西讨

当托帕一路势如破竹地从厄瓜多尔曼塔（Manta）海岸进攻到普纳（La Puná）岛时，他遇到了一些海运商人。这些人向他介绍了两个岛——阿瓦村比（Avachumbi）和宁村比（Ninchumbi）——“外环”和“火环”。据说那里人口众多，富人很多。这两个岛可能是加拉帕戈斯群岛（Galápagos Islands）中的两个岛。

听到这些，托帕很兴奋，但也半信半疑。他问先知（传说会飞的人）这是不是真的，还是只是海运商人的“闲聊”。得到肯定的回答后，这位国王让手下建造轻木筏船队，率领两万人组成的军队出征。

他走了太久（9 个月），很多人都认为他已死在路上了。编年史学家佩德罗 · 萨缅托 · 德 · 甘博阿（PedroSarmiento de Gamboa）认为，托帕的兄弟阿普（Apu）当时负责统领都城的军队。他十分担心，因此他开始庆祝，目的是让大家相信托帕不久就会返回了。托帕最终还是返回了，还带回了很多华丽的战利品，如一把黄铜座椅、一匹马的皮毛和下颚骨。然而，阿普之前所做的伪装被误解为因国王死亡而进行的庆祝，因此他被处死了。

▲ 无论何时，只要面对财富，托帕就难以自持

acapac duodezi

瓦伊纳·卡帕克

这位印加帝王如何引领印加帝国走向巅峰？

史蒂夫·赖特

每当人们谈论起失落已久的文明，弄清哪怕其最重要人物的最基本信息可能都很困难。第十一代印加王、哈南王朝（Hanan dynasty）第六世王、第三位萨帕·印加——瓦伊纳·卡帕克被誉为“全能之人”，但我们甚至无从知晓他的确切生辰。关于他出生年份的说法从 1468 年到 1488 年都有。我们能确定的只是他在印加帝国鼎盛时期掌权。

他出生时的名字是因蒂·库斯·瓜尔帕（Inti Cusi Guallpa）。他是玛玛·奥克略和托帕·印加（兄妹联姻）的儿子。他在很小的时候随父母去库斯科时就已获得了未来统治者的长子继承权。他的祖父帕查库蒂给他戴了一个流苏头饰，并赐名“瓦伊纳·卡帕克”。“瓦伊纳”代表青春活力，“卡帕克”代表他将继承的遗产。

瓦伊纳·卡帕克人生的前 20 年几乎没上过战场。虽然他不在库斯科长住，但他的责任心很强。他被父亲留下来当库斯科的总督，后来又担任的的喀喀市的总督。他访问过谢萨（Cieza）。他还管理宗教事务，负责监督动物献祭和库斯科的神龛系统。

虽然九世王帕查库蒂对继承权做了清晰的安排，但瓦伊纳的统治仍然面临挑战。其中一次是他的导师和总督华尔帕亚（Hualpaya）企图谋杀他。华尔帕亚设计邀请瓦伊纳到他的宫殿参加一场聚会，图谋包围瓦伊纳并用偷运来的武器杀害他。这个计划被瓦伊纳的另一位顾问阿查奇（Achachi）揭穿了。阴谋者被处死。另一次据称是瓦伊纳的父亲托帕·印加被一个怨妇杀害，这个女人想把自己的儿子扶上王位。但这件事是否真正发生过，我们不得而知。

虽然此事真假未知，而且瓦伊纳当时相对缺乏实战军事经验，但他对权力的阴谋和统治的手段并不陌生。父亲去世后他顺理成章地即位。他撤掉原有的顾问，以他信任的人如他的兄弟奥基·托帕·印加（Auqui Topa Inca）取而代之，从而巩固自己的权力。而后他派出官员到帝国的各省视察，检查建筑、桥梁和水

杀害瓦伊纳的阴谋败露，阴谋者被处死。

渠等，必要时命令各省维护和加固，灌溉系统也因此得到了改善。有些地方的总督被他亲信的人取而代之。另外，瓦伊纳为他特别重视或崇敬的祖先增添了地产。

瓦伊纳与母亲的关系十分亲近。他履行了自己对母亲的承诺，那就是她在世期间不发动战争。而他最终发动战争时是为了复仇，还在服丧期间他就率领10万人出征。令他愤怒的对象是住在如今秘鲁的查查波亚人。据说这个部落支持针对瓦伊纳的叛乱。他们为自己的阴谋付出了代价，被瓦伊纳势如破竹的军队击溃了。这时，瓦伊纳把目光转向科利亚苏尤（如今该地包括秘鲁南部和阿根廷、玻利维亚和智利的部分地区）。在完成了一系列任务——诸如在卡查建一座新庙、派出军队驻扎奇里瓜诺（Chiriguano）、重建波科纳（Pocona）的堡垒等之后，他听说很多印加总督在一次叛乱中被杀害。宣战之后，他到库斯科集结部队，向印加帝国的北部边界（位于如今的厄瓜多尔和哥伦比亚）进发。

▲ 帕查 · 杜西塞拉，瓦伊纳众多妻子中的一位

厄瓜多尔的大部分领土（那时称作基多王国）经历了一场为期12年的战争（瓦伊纳的余生）。但这场战争为他造就了登峰造极的成就和遗产。在这个过程中，他下令修建无数仓库来存储食物。这些仓库主要用于维持20多万将士的生计，同时也是饥荒之年迅速将食物送到百姓手中的手段。他在位期间，印加的道路网也进一步改善，庙宇和堡垒增加，有力维护了地方安全并安抚了地方居民。一路向北的征程很漫长，瓦伊纳利用这个机会解决了很多其他问题，如解决印加行政中心豪哈（Xauxa）附近的边境纠纷；后来又成功对抗宿敌关卡杵帕寇（Guancachupacho）和查查波亚。

在到达帝国北部时，瓦伊纳将军队驻扎在图米潘帕市（如今厄瓜多尔的昆卡）。他首先抵挡住了帕斯托军队的袭击，然后进犯对方的领地，烧毁了他们的城镇，屠杀了所有的幸存者。之后

▼ 厄瓜多尔的一个太阳神庙遗址。瓦伊纳 · 卡帕克曾维护过这座神庙

▲ 印加帝国历史上的首都库斯科的现状

他向通贝斯海岸进发。卡兰基（Caranqui）人驻扎在那里，他把卡兰基部队追赶到山顶的一个堡垒准备围攻他们。这时灾难降临，瓦伊纳差一点儿在一次反击中丧命。逃过一劫后，瓦伊纳击退了对方的进攻。卡兰基部队被迫撤回堡垒。

北方战役中，瓦伊纳失利最多的一次是与卡扬比（Cayambi）人的对决。卡扬比部队先发起进攻，杀害了很多印加人。瓦伊纳的军队被迫撤离。反击的战斗异常激烈。苏珊·A. 奈尔斯（Susan A.Niles）撰写的《印加历史的缩影》曾提到："双方都英勇作战，战场上死伤遍野，甚至都无处可站，只能站在死去的将士身上。"这次袭击再次失败，瓦伊纳又发起另一次袭击。这次他把军队分成三支，然后假装撤退来引诱卡扬比人出动。卡扬比人中圈套之后，瓦伊纳把他们赶到附近的一个湖泊处将其全歼。这个湖泊后来被命名为"亚瓦尔科查"（Yahuarocha，血湖）。

尽管取得了胜利，但一切并不顺利。瓦伊纳因在卡兰基战役中被留下等死而恼怒不已，于是他削减了士兵的给养，而且没有邀请他的将军参加庆功宴，而是让很多将军返回库斯科。后来他意识到了自己的错误，于是在半路把母亲的雕像送给他们从而劝导他们回来。他公开道歉并给了他们想要的东西——食物和女人。

历史上还有很多关于瓦伊纳功绩的描述，如占领穆鲁阿（Murua）和卡贝洛（Cabello）这样的沿海地区，以及进一步修建庙宇和解决小争

▲ 瓦伊纳的遗体被抬回库斯科

▲ 厄瓜多尔南部的因加皮尔卡（Ingapirca）遗址，瓦伊纳曾在这里修筑防御工事

瓦伊纳的去世使得印加帝国的发展急转直下，但这丝毫无损于他执掌如此庞大的帝国并使之有序运行所取得的成就。

端。也是在这个时候，瓦伊纳迎娶了基多的女王帕查·杜西塞拉（Paccha Duchicela）。这次联姻的目的是统一印加和基多领土，避免战争。他们婚后育有一子阿塔瓦尔帕。阿塔瓦尔帕最终统治了基多。这个时候瓦伊纳已经娶了他的两个姐妹库西·里毛伊（Kusi Rimay，在他执政早期就去世了）和拉华·奥克略（Rahua Ocllo）。瓦伊纳和拉华·奥克略生下了瓦斯卡尔。据称瓦伊纳共有 50 个妻子，200 多个孩子。

瓦伊纳的征服之路最终止于疾病。来自欧洲的探险者这时已经与印加人有接触了。他们把疾病带到了这片土地，而印加人对此毫无招架之力。西班牙人于 1524 年左右在基多驻扎，一种疾病（很可能是天花）席卷整座城市，让印加王的很多大将殒命，瓦伊纳本人也不幸染病。据说瓦伊纳弥留之际任命瓦斯卡尔为自己的继承人。瓦伊纳死后被抬回库斯科，1000 名忠仆殉葬。

瓦伊纳选定继承人时的摇摆不定最终引发瓦斯卡尔和阿塔瓦尔帕之间野蛮的内战。内战加速了帝国的崩塌。毫无疑问，瓦伊纳是一位精明的统治者。他在印加全盛时期执掌政权，他统治时期印加的领土从智利和阿根廷一路延伸到秘鲁和玻利维亚乃至厄瓜多尔，从北到南横跨约 3500 公里。

▲ 瓦伊纳似乎因染上西班牙人带来的天花而亡

▲ 瓦伊纳的继任者是他的儿子瓦斯卡尔

▲ 瓦伊纳的手绘木刻插图

瓦伊纳的祖先们征服了大量土地，而他所发挥的重要作用是为印加帝国制定秩序、改善道路网、加强城市防御、增加食物供给和完善主要的基础设施。在花岗岩山脉上凿刻出的城市和寺庙代表着当时工匠的杰出成就，也是对他的成就的一种颂扬。

瓦伊纳的去世使得印加帝国的发展急转直下，但这丝毫无损于他执掌如此庞大的帝国并使之有序运行所取得的成就。每个帝国都有一些人物值得永远铭记，如凯撒大帝之于罗马，瓦伊纳之于印加帝国也是一样。

兄弟之争

瓦伊纳·卡帕克的两个儿子之间的仇恨让整个帝国遭遇血腥战争

哈雷斯·阿尔·布斯塔尼

1527 年，印加帝国的第十一代王瓦伊纳·卡帕克生命垂危。在他统治时期，印加帝国的版图是法国的五倍，包含 500 多个部落，横跨如今秘鲁、厄瓜多尔、哥伦比亚、玻利维亚和智利。统治如此庞大的帝国并非易事。王位继承是一件微妙的事情：瓦伊纳和他的父亲托帕都不是各自父亲的首选。瓦伊纳交接权力太晚，更是怠慢了这件事。

他的首选继承人是他的儿子尼南·库尤奇（Ninan Cuyochi），但大祭司检查羊驼的内脏时发现这并非吉兆。另一个儿子阿塔瓦尔帕很得军心，但他率领一支军队对抗帕斯托时节节败退、弃兵而逃。这个举动

激怒了瓦伊纳，令他很失望。他撕下自己的衣服，大喊派女人去打仗都比阿塔瓦尔帕强。因此，瓦伊纳去世时，荣耀就降临到他的第二个选择即他的儿子瓦斯卡尔头上。时运不济的尼南不久死于天花。

当瓦伊纳的送葬队伍来到库斯科时，尽管瓦斯卡尔被40个兄弟护卫着，但他还是注意到最引人注目的阿塔瓦尔帕没有出现。瓦斯卡尔以醉酒放荡著称，而阿塔瓦尔帕因与父亲的北部军队共同作战而积聚了威望，他们在图米潘帕建立了一个军事基地，其实力足以和库斯科的军事力量匹敌。

瓦斯卡尔从他的北部盟友诸如卡纳里那里了解到阿塔瓦尔帕在印加帝国的精英战士中多么受欢迎，因此他怀疑他的兄弟可能已经开始密谋推翻他了。毕竟印加的首都已分成几部分，阿塔瓦尔帕所在的北部地区本质上与军队联系密切，而瓦斯卡尔所在的南部地区拥护科里坎查（Coricancha）的祭司等级。对宗教机构而言，瓦斯卡尔的继位是削弱军队不断增强的影响力的珍贵机会。

尽管阿塔瓦尔帕表面上没有给他的兄弟任何怀疑自己的理由，但对瓦斯卡尔来说，他的缺席本身就是足够的理由。瓦伊纳的木乃伊还没到库斯科，瓦斯卡尔就已经怒不可遏。他朝着北部地区的贵族大喊，责怪他们没能把他的兄弟带来，指责他们以阿塔瓦尔帕的名义策划政变。这些人经受严刑拷打仍然拒不认罪，瓦斯卡尔简单粗暴地杀害了他们。北部地区的其他贵族自然以此为

瓦斯卡尔担心他的兄弟已经开始密谋推翻他了。

▲ 不满足于只是取消帕纳卡制，狭隘的瓦斯卡尔剥夺了帕纳卡作为印加木乃伊管理者的神圣身份

▲ 战争刚开始时，阿塔瓦尔帕用一根金属棒在关他的监室墙上钻了一个洞，成功逃脱

▲ 阿塔瓦尔帕与父亲瓦伊纳·卡帕克精锐的北方部队并肩作战，他手握这个帝国最优良的兵将

鉴，向北逃到阿塔瓦尔帕的堡垒寻求避难了。

与此同时，某些人正在密谋杀掉国王，用他的兄弟取而代之。当这些密谋者接近瓦斯卡尔的一个追随者时，他立即驱逐了他们，于是计划败露。尽管瓦斯卡尔很快把这些人处决了，但这件事进一步造就了他多疑的性格。

阿塔瓦尔帕忙于在北方的图米潘帕为瓦斯卡尔修建一系列新宫殿。然而，一位当地首领十分厌烦他，于是写信给瓦斯卡尔，称这些工程昭示着阿塔瓦尔帕的叛国意图。瓦斯卡尔大怒。他向母亲和姐妹咆哮，抱怨她们放任阿塔瓦尔帕和他父亲的高级北部将领一同驻扎在图米潘帕。

不久，阿塔瓦尔帕给他的兄弟送来了大礼，祝贺他加冕。他没有提出任何过分的要求，只是

▲ 库斯科分成几部分，北部地区支持阿塔瓦尔帕及其军队，而南部地区支持瓦斯卡尔和宗教制度

请求他的兄弟任命他担任微不足道的职位——基多的总督。然而，这个举动让性情暴躁、当时可能喝醉了的瓦斯卡尔发了疯。他折磨并杀害了阿塔瓦尔帕的信使。他也留了几个活口，让他们把他的“礼物”带给他的兄弟，那就是一大包女人的衣服、珠宝和化妆品。这无疑是扇在阿塔瓦尔帕脸上的一记耳光。

虽然卡纳里人与阿塔瓦尔帕和睦相处，但他们仍然忠实于瓦斯卡尔。他们告诉这位国王，让他的兄弟继续待在北方就是最大的威胁。瓦斯卡尔相信了他们的话，于是接连派出三个使者，命令阿塔瓦尔帕回到库斯科，否则就要派军队强行把他拖回来。

阿塔瓦尔帕杀害了这里的人，把他们的家园夷为平地，摧毁了他们的土地。

此时，阿塔瓦尔帕眼见这么多人被他心胸狭隘的兄弟折磨和杀害，他并没有选择投降，他掌握着这个帝国最精良的兵将，手里有胜算。阿塔瓦尔帕的将士们深感命运系于他一身，坚定地和他站在了一起。于是，印加帝国的内战爆发了。

瓦斯卡尔不是一个身先士卒的领袖，他派大将阿托克（Atoc）到北方，在阿塔瓦尔帕集结军队之前对图米潘帕发动了一场先发制人的袭击。在随之而来的混战中，阿塔瓦尔帕在保卫这座城市的主大桥时被阿托克及其卡纳里盟军擒获，被锁在一个石制仓库里。

那天晚上，在擒获阿塔瓦尔帕的人忘乎所以醉酒狂欢时，阿塔瓦尔帕用一根金属棒（一个女子路过时送给他的）小心翼翼地在墙上钻了一个洞。外面的人纵情狂欢，没有人注意到他跑出了临时牢房，躲进了无边夜色之中。

当阿塔瓦尔帕回到他的领地，大家都不敢相信自己的眼睛。他找机会公开宣称，他的父亲太阳神把他变成了一条蛇，因此他可以从墙里的小洞中钻出来。他在逃亡时划破了一只耳朵，耳朵始终在流血。阿塔瓦尔帕发誓要向可恶的卡纳里人复仇，但他首先要解决他兄弟的大将阿托克“这只狐狸”。

他在基多征召了一支强大的军队，开始了向

▲ 阿塔瓦尔帕的胜利庆祝是短暂的

▲ 宗教体系担心自身影响力减弱，于是将瓦斯卡尔视为牵制军队的关键人物

▲ 印加的祭司在约 1450 年点燃圣火

南的长途跋涉。在默察卡西卡（Mchacaxa）平原的安巴托（Ambato），他遭遇了阿托克的军队。对阿托克来说，很不幸的是这个帝国最精锐的兵将都在对手手中。他经验不足的兵将在最后一刻才拼凑到一起，很快就被击溃了。

阿塔瓦尔帕不是一个容易捐弃前嫌的人。他没有忘记他的兄弟对他的使者的粗暴对待。如果他没有逃脱阿托克的掌控，恐怕也会遭遇同样的命运。阿塔瓦尔帕以牙还牙，折磨阿托克并用弓箭和掷镖慢慢地杀死了他。阿塔瓦尔帕不是一个容易被胜利冲昏头脑的人。他踏上卡纳里的领土，席卷了图米潘帕城，让那里的人民遭受地狱般的折磨。他的祖父一手打造的伟大城市不久便化为废墟。他疯狂地继续侵入厄瓜多尔海岸，将所有胆敢反对他的主张之人一举歼灭。他对卡纳里愤恨至极，所到之处健全人被屠杀殆尽，他们的鲜血染红了街道。他的残暴行径很快就传开了。在他所到的卡纳里城市，妇女儿童都发狂地跑到路上，手里拿着绿色树枝表示臣服，但阿塔瓦尔帕不为所动。他杀害了这里的男人，把他们的家园夷为平地，摧毁了他们的土地。不久，人们伏倒在他的脚下，请求他的宽恕。

然而，当他来到通贝斯地区的普纳岛（横跨秘鲁西北部和厄瓜多尔）时，他发现一个部族对瓦斯卡尔忠心耿耿，拒绝在恐惧中屈服。阿塔瓦尔帕暴跳如雷，让他的手下组建了一队木筏，对这个岛发起进攻。但岛民发挥他们的长处，在海面上突然出现，与阿塔瓦尔帕的部队交战。这让阿塔瓦尔帕吃了苦头，他拖着一条伤腿灰溜溜地回到了海岸边。

在南方更远的地方，即华马丘科（Huamachuco）附近，阿塔瓦尔帕请教了一个著名的神使。神使警告他维拉科查神（安第斯文明普遍的创造神）对他粗暴残忍的行为深感不满。阿塔瓦尔帕勃然大怒，他不仅下令把这个老人处死，还摧毁了附近神圣的瓦卡圣石以及其下的山丘。随着事态日益严重，他决定把指挥军队的权力交给他的大将查尔库奇马（Challcuchima）和基兹基兹（Quizquiz），他们是印加王国最优秀的将军。

与此同时在库斯科，瓦斯卡尔的地位不断被削弱。他不仅被视为一个贪图享乐、轻浮、粗暴且愚昧、既无荣耀又无勇气的人，也没有对那些始终忠诚于他的人表现出足够的尊重。作为一国之君，他需要在公共广场举行的宴会上定期与王室成员、贵族和主要部落交流，而他无视这种义务。更糟糕的是，他将传统的部落驱逐出皇家卫士行列，以外来的卡纳里和查查波亚士兵取而代之，这让人愤恨不已。他越来越不信任库斯科的贵族，宣布剥夺帕纳卡（王室贵族）的土地和财产、甚至保存死去印加王木乃伊的权利。这不仅极端无礼，而且亵渎神灵。

◀ 瓦斯卡尔很快得到了“轻浮统治者”这个称号，他无心扩张国土，专擅饮酒

阿塔瓦尔帕的军队走下安第斯山的山脊时遭遇了其兄弟万卡·安奎（Huanca Auqui），他的兄弟率领由各个部落组成的南方部队。万卡·安奎仍然忠于瓦斯卡尔。经过一番鏖战之后，查尔库奇马和基兹基兹把万卡赶回南方，之后制服并歼灭了他的部队。阿塔瓦尔帕的军队势如破竹，一路向库斯科挺进。瓦斯卡尔从主要的大省（最远到智利）的残余部队里集结了最后一支军队并亲自担当主帅。他因在科塔潘帕（Cotapampa）的一次大捷而忘乎所以。在那场战争中，北方军队损失惨重。当查尔库奇马和基兹基兹接近库斯科时，瓦斯卡尔大胆决定把他的部队拉出去，在旷野开战。然而，他的战略设计得太糟糕了。阿塔瓦尔帕的将军智胜一筹，将其生擒。

▲ 狭隘的瓦斯卡尔不仅拒绝和他的贵族及精英社交，还把他的卫士换成了外邦人

瓦斯卡尔被屈辱地拖着游街。他的胳膊被捆绑住，鲜血直流，衣服也被撕碎。他的外衣被撕掉，取而代之的是从他死难的外来士兵的身上剥下来的染着鲜血的破布。他的金斧头和头盔连同皇家徽章被送到北方的阿塔瓦尔帕手中。

阿塔瓦尔帕的兵将残酷至极。他们经过首都时围捕了瓦斯卡尔的很多妻子和 80 个子女，强迫瓦斯卡尔亲眼看着他们一个个被鞭打和折磨至死。在一个前所未有的亵渎神灵的行动中，阿塔瓦尔帕的兵将甚至把他祖父托帕·印加的木乃伊拖出来烧了。

胜利的消息在 5 天内通过 300 名信使传到了阿塔瓦尔帕耳中。与此同时，他的兵将继续屠杀散布在帝国各地的瓦斯卡尔的亲信，如卡纳里人。瓦斯卡尔本人被送到北方的阿塔瓦尔帕面前游行。此时的阿塔瓦尔帕沉浸在胜利的喜悦中。

在经过了 5 年的大肆杀戮后，1532 年，阿塔瓦尔帕终于在库斯科开始准备自己的加冕礼。如今这个国度已重新统一，他可以把注意力转向扩张领土了。他最终成为伟大印加的征服者。然而，在印加帝国亟需增强实力时，内战已将其掏空。

在这位君主南下时，已有关于脸上毛茸茸的古怪外国人骑着大型猛兽穿越安第斯山的消息。有人看见他们挥舞着“魔法爆炸棍”折磨和杀害一些省的首领。这些人是来自大洋彼岸的西班牙入侵者。他们不仅颠覆了中美洲强大的阿兹特克帝国，还带来了让瓦伊纳·卡帕克毙命的疾病：天花。

但阿塔瓦尔帕对此毫不在意。他用镀金的阿托克头骨酒杯喝了一口酒，开怀大笑——让这些蠢货游荡一阵子吧，他们能对太阳底下最伟大的帝国造成什么影响呢？

◀ 和他的兄弟一样，阿塔瓦尔帕取胜之后非常残暴，任何人胆敢反对他都难逃被折磨和杀害的命运

征服者用一支 15 万人的军队袭击了阿兹特克的首都

征兆

天花是阿兹特克劫难的余波

征服厄瓜多尔之后，瓦伊纳 · 卡帕克开始接到一些报告称，一种致命的新传染病能让人全身长满皮疹，最后致人死亡。这种后来让这位帝王毙命的疾病就是天花。这也是克里斯托弗 · 哥伦布于 1494 年第二次到加勒比海时带来的众多疾病中的一种。

1519 年，当著名的西班牙征服者埃尔南 · 科尔特斯（Hernán Cortés）开始征服阿兹特克帝国之旅时，也带来了天花。天花在两年时间内夺走了 70 万人的性命。在他到来之前，阿兹特克帝国已经出现了一系列昭示帝国末日的预兆。阿兹特克君主蒙特祖马二世（Moctezuma II）对这些古怪的访客很感诧异，他最初误认为科尔特斯是神并欢迎他的到来。

然而，当西班牙人试图将他们的宗教强加给阿兹特克人时，双方出现紧张局面。这种局面在一些阿兹特克贵族和祭司被入侵者及其当地同盟特拉克斯卡拉人（Tlaxcalans）杀害时达到顶峰。在随之而来的混战中，蒙特祖马二世和 1000 个入侵者被杀，科尔特斯逃离这座城市。

尽管数量上很不占优势，入侵者还是在奥图巴战役（Battle of Otumba）中取得决定性胜利。科尔特斯指挥骑兵突击，杀死了新任阿兹特克王。短暂休整后，入侵者在 15 万外国雇佣兵的辅助下对阿兹特克首都发起了为期 80 天的围攻，最终摧毁了这座城市。随后，他们摧毁了阿兹特克帝国的金字塔和庙宇，在原址上建造了修道院和寺院。

◀ 俯视图展示了这座堡垒的厚重外墙和壮观的内部生活区域

印加的堡垒

走进印加帝国防御工事中最坚固的萨克塞瓦曼堡垒

艾尔莎·哈维

没有什么比堡垒更能展示真实的权力了。如今，打造一座建筑史上的奇迹并不十分困难，但在印加帝国时期，这种大型建筑提供安全区域的同时也展示了人类的强大力量。修建堡垒是帝国的核心需求，统治者下令修建堡垒来强化帝国的防御。如果敌人占领了都城周围的印加领土，他们就要面临打入萨克塞瓦曼的挑战。

印加人在库斯科城周围山脉 7400 多亩的土地上修建了一座让人惊艳的堡垒。这座印加帝国最大堡垒上精心放置的每块石料都展示着在托帕·印加统治时期两万名工匠的才华与实力（尽管有一些考古学家认为这里最初是基尔科人修建的，印加人只是加以扩建。基尔科人在约 900—1200 年居住在库斯科周边）。没有证据显示，印加人通过动物或机械设备来运输这些沉重的物料。工人们只能徒手滚动建筑材料，从四面八方运来物料。最后建成的堡垒海拔超过 3500 米。堡垒拥有绝佳的选址，能够有效保卫这里的居民和财物。

堡垒位于城市之上，守卫人员可以及时发现进犯的迹象，为战争做好准备并保卫自己的家园。此外，堡垒周围的山峰纵横交错，提供了天然屏障，想来进犯也很困难。城堡坚固的墙壁让库斯科人平安度过了近一个世纪。

印加的建筑师用近 4 米高、几千公斤重的巨石来修建 18 米高的墙。这个看来坚不可摧的设计一直挺立到 16 世纪西班牙人进犯，他们将堡垒据为己有。这些欧洲人骑着马袭击堡垒，登着梯子爬上堡垒，屠杀里面的居民。

印加帝国可能已经放弃了它强大的堡垒，但从某种角度来说它还存在。如果现在去萨克塞瓦曼，看到的石制建筑遗迹并不是原始的建筑。不同的印加统治者掌管过这座堡垒，而且建筑方法也在不断更新，因此堡垒的墙壁已经发生了变化。原始的萨克塞瓦曼只用了泥和黏土修建。后来，黏土砖换成了更大的石料，其中很多保留至今。

修建这个堡垒对印加人来说并非易事。每块石料都很坚硬，并要用铜制工具来精心切割和塑型。他们还要与大自然抗争。从未有任何暴风雨或地震撼动这座堡垒坚固的墙壁，原因就在于印加人的精巧设计。印加人采用的石料都经过切削，从而让它们紧密地衔接在一起，即使发生地震也不会有太大移动。这种柔性设计让石料在地震波消散后可恢复原位，从而避免碎裂和剥落。如今再到这个地方，你可以看到这些大石块的摆放位置。很多石块衔接得很紧密，甚至都穿不过一张白纸。

走进这座坚固的堡垒，三扇小门把我们引到萨克塞瓦曼的独立台地上。这些台地被均匀分布的锯齿形墙壁分开。这个设计可以阻挡入侵者进入，让堡垒内部更加安全。

▲ 如今，堡垒的遗址上还在举行传统的印加仪式

堡垒的中心有一座外凸的多层塔。这座塔与沿着堡垒墙壁排列的多座塔相连。虽然目前它已残缺不全，但从残留的遗迹中也可以看出它原本的形状和位置。堡垒内部还有一个相当大的观景台，统治者在那里观看各种仪式。观景台还用来控制水资源供应和把污水排出堡垒。

关于如此巨大的堡垒的主要用途，有很多争议。最终的结论是堡垒是由 1000 多个士兵驻扎、为防御敌人侵犯做准备的。然而，大部分时间堡

垒是供印加帝国内部使用的。人们认为堡垒为铠甲、珍贵的器具和金属提供了一个安全的存放地点，同时堡垒可以用来举办各种仪式和庆典。大部分时间，萨克塞瓦曼是印加人的家。它对日常生活的最大贡献可能是提供了举办仪式的场所，而正是这些仪式塑造了这个日益强大的帝国的形象。

▲ 萨克塞瓦曼（现库斯科古城区景点）周围发现了大量的美洲驼和鹰

向前看

这是个着实令人不安的人体雕像，其特点是眼睛是用贝壳镶嵌而成。它可能是印加木乃伊的陪葬品。它头戴挂毯带子，制作于 1100 年至 1400 年。

皮泽洛整顿军队准备离开
西班牙前往新世界

印加帝国的倾覆

在印加帝国的鼎盛时期，西班牙一支小部队的到来让整个印加文明土崩瓦解

詹姆斯 · 普赖斯

1513 年，一群西班牙探险者（也就是征服者）穿过中美洲丛林时遇到了一些真正令人震惊的东西：一片无边无际的大洋在地平线上延伸开来。在瓦斯科 · 努涅斯 · 德 · 巴尔博亚（Vasco Núñez de Balboa）的带领下，这群探险者是第一批看到太平洋的欧洲人。他们一路上听到很多有待于开发

领先

西班牙人引进了一种印加人从未见过的战斗方式

西班牙武器的复杂程度和杀伤力让他们在与印加对战时占据上风。西班牙的钢制武器在整个欧洲首屈一指。西班牙士兵因手握钢剑而获益，钢剑削铁如泥，而且比印加人的石制武器和铜制武器更耐用。

西班牙人也有火药武器，尤其是火绳枪，即步枪的雏形。火绳枪虽然杀伤力强，但用起来很慢，而且在潮湿环境中不好用。然而，它们具有巨大的震撼力——爆炸声、烟雾和比眼神更快的子弹都会给人巨大的心理冲击。

然而，征服者最让人胆寒的武器是战马。它们体型硕大、步履飞快、训练有素，不易因受惊吓而撕咬或踢蹬周围的人。对从未见过它们的军队来说，它们是毁灭性的。骑着战马全副武装的士兵可以轻而易举地冲过敌人的防线，在战场上纵横驰骋，具有绝佳的优势。战马是火药之外西班牙人征服一个大洲的另一秘密武器。

的奇妙之地的故事。其中一个提到南方住着一个强大的部落，他们住的地方到处都是黄金。这种故事经常被报道，其中大部分被证明是假的，但是德·巴尔博亚团队的一个人从未忘记过它们。这个人就是法兰西斯克·皮泽洛。

这些探险者都经历过战争的洗礼，其中大多数曾在欧洲做过士兵和雇佣兵。美洲被发现之后，他们中的很多人前往新世界，用他们的战斗技能来寻求财富和地位。大多数人遭遇了艰难、失望、疾病和死亡，但偶尔也会发财。1521年，埃尔南·科尔特斯带着一小撮人马征服了阿兹特克帝国后，越来越多的探险者追随西班牙的脚步来到了美洲。

皮泽洛便是其中一员，他来自埃斯特雷马杜拉（Extremadura），是一个非婚生、没受过教育的微不足道的小人物。他被黄金、土地和探险这些字眼深深吸引，在新发现的巴拿马殖民地当上了地主。皮泽洛曾参与过多次探险，虽然他已在巴拿马站稳脚跟，但他还是贪得无厌。在一位名为埃尔南多·德·卢克（Hernandode Luque）的修士的资助下，皮泽洛与同伴迭戈·德·阿尔马格罗（Diego de Almagro）一道踏上探险之路。征服基本上是由投资者支持的商业投

◄ 西班牙骑士是西班牙纵横新大陆的决定性武器

▲ 库斯科被围攻期间，奥扬泰坦博为印加的大本营。印加人就是在这里打败西班牙人的

► 阿塔瓦尔帕（印加末代君主）在卡哈马尔卡的赎金室仍然存在。他承诺用黄金填满这间屋子来换取自己的自由

资，征服者没有工资，但可以从掠夺物品中抽取一部分。这是为了个人的经济利益而进行的全球扩张。

1524 年，皮泽洛向着太平洋南部出发了。这次探险没有取得成功，他们遭遇了恶劣天气、敌对的本地土著和食物短缺，损失惨重。阿尔马格罗在一次冲突中失去一只眼睛。探险队被迫艰难地返回巴拿马。

皮泽洛和阿尔马格罗毫不气馁，又开始为新的探险筹资。他们发现，在失利一次之后马上开启第二次探险极具挑战性，但在 1526 年，他们还是排除万难带着两艘船和不到 200 人再次向南出发。这一次他们再次遇到恶劣天气，团队的人走散了。皮泽洛来到了如今的哥伦比亚，而阿尔马格罗回到巴拿马去寻求增援。水手巴托洛梅·鲁伊斯（Bartolomé Ruiz）继续向南前行。他在那里见到了一艘本地的运载陶瓷、布匹和吸引西班牙人眼球的黄金、银和宝石的木船。鲁伊斯掳走了几个囚犯，训练他们当翻译。后来他和阿尔马格罗一样回到了皮泽洛身边，但他们进一

▲ 皮泽洛被困在加洛岛上时愿意追随他的“著名的十三人”

步的探险毫无收获。

最后，皮泽洛和 80 个队员留在了潮湿而不友好的德尔加洛岛（Isla del Gallo）。他们需要增援和补给，明白再次无功而返就会面临毁灭。而阿尔马格罗和鲁伊斯回到了巴拿马。

皮泽洛的部队等了几个月。其中有些人让阿尔马格罗带信给巴拿马总督，请求援助，声称皮泽洛失去了理智。总督不久就派出两艘船来营救他们。面对失败的前景，皮泽洛向他灰心丧气的队友发出了绝望的恳求。历史学家威廉 · 普雷斯科特（William Prescott）说，皮泽洛用剑在沙滩上画了一条线，指着地面宣布：“这边是富裕的秘鲁，这边是贫穷的巴拿马，你们选吧，怎么做才配得上最勇敢的卡斯蒂利亚人（Castilian）的称号？”只有 13 个人（也有 16 个人一说）跨过皮泽洛的线，其余的人据说逃出了这座岛，乘着救援船离开了。

由于岛上荒凉孤寂，皮泽洛和他手下的 13 个人转移到了附近的戈尔贡岛（Isla de Gorgona），至少那里更适合居住。他们又等

考虑到接下来要发生的事，这样和平而激动人心的场面不免令人心酸。

了5个月左右，直到鲁伊斯回来。然后他们再一次向南出发，最后皮泽洛取得了一些成就：他们发现了通贝斯市。

通贝斯位于印加帝国北部。这里跟征服者以往见到的任何地方都有所不同，有坚固的石制建筑、井然有序的街道和先进的灌溉系统。通贝斯的人既友好又对陌生人好奇。他们热情地欢迎皮泽洛一行。皮泽洛派一个名叫莫利纳（Molina）的人和一个不知姓名的非洲裔仆人登陆。他们吸引了很多人围观，那里的人带他们在城里游玩。他们为眼前的景象震撼不已，莫利纳后来申请留了下来。

更多人登陆上岸，大家自由交换礼物。考虑到接下来要发生的事，这样和平而激动人心的场面不免令人心酸。

皮泽洛载着黄金和与通贝斯人交易的货物成功回到了巴拿马。但是他已经开始计划再次回到通贝斯了，这一次他就不打算再离开了。

印加的处境

当皮泽洛艰辛地在戈尔贡岛生存时，印加世界已摇摇欲坠。瓦伊纳·卡帕克已执政30年，但在1524年左右（确切年份存在争议）这位印加王染上了一种致命的传染病。这种疾病在印加帝国上下肆虐。他可能死于天花，一种欧洲人带来的、美洲土著毫无免疫力的疾病。也有资料指向是瘟疫击垮了他。

他的首选继承人尼南·库尤奇也死于这种疾病。有人说瓦伊纳·卡帕克弥留之际一度神志不清，下令将帝国分为南北两部分，由他的两个儿子瓦斯卡尔和阿塔瓦尔帕分别执掌。也有人声称当时瓦斯卡尔被册立为唯一继承人。无论事实如何，这两兄弟展开了殊死斗争。

父亲去世的时候，瓦斯卡尔在库斯科。当地的贵族迅速推举他为新任印加王。阿塔瓦尔帕在北方的基多，与主要的军队和印加大将在一起。他在军队中声望颇高，曾是瓦伊纳·卡帕克最钟爱的儿子。

然而，这两个人似乎达成了和解。阿塔瓦尔帕留在了基多，并宣誓效忠瓦斯卡尔，承认他为新任印加王。但这种和平局面没有持续多久。梅斯蒂索混血儿（半个印加人）编年史学家加尔西拉索（Garcilaso）写道："两兄弟，一人永远不会想到危害自己性命和帝国安全的叛国阴谋，另一人非常努力而谨慎地设计陷害他。"

内战爆发

瓦斯卡尔和阿塔瓦尔帕和平共处了多年，但 1531 年局势开始紧张。有些资料显示瓦斯卡尔对阿塔瓦尔帕不满，希望铲除这个威胁。瓦斯卡尔对阿塔瓦尔帕采取行动，甚至短暂地擒获了他的兄弟，但阿塔瓦尔帕成功逃脱并在基多集结军队。他的将军基兹基兹和查尔库奇马在北方打败了瓦斯卡尔的军队并向库斯科进发。发生在都城库斯科之外的基派潘战役（Battle of Quipaipán）中，他们摧毁了防卫部队并活捉了瓦斯卡尔。

接下来发生的事情很有争议。很多编年史学家认为，阿塔瓦尔帕下令屠杀了瓦斯卡尔的军队及其家人。

在印加面临最大的威胁时，内战极大削弱了印加帝国的实力。这一系列毁灭性的事件正中西班牙人下怀。法兰西斯克·皮泽洛的堂兄弟佩德罗·皮泽洛（Pedro Pizarro）写道："如果瓦伊纳·卡帕克在我们侵略秘鲁时还活着，我们不会取胜，因为他太得民心了；如果不是他的继任者把这个国家分裂，我们也不会侵入或者胜利——即使有一千多名西班牙士兵立刻赶来。"

◀ 一个当时的西班牙征服者说："阿塔瓦尔帕只活到 30 岁。他相貌堂堂，体格健壮，既英俊又暴躁。"

征服之旅

在通贝斯取胜后，皮泽洛来到了西班牙，宣布自己的发现，赢得了王室征服这个地区的许可。对王室来说这是双赢的，因为皮泽洛可以自己出资，王室无须付出也无须负担任何风险就会取得收益。皮泽洛获准担任尚未被征服之地的总督，而阿尔马格罗虽作为皮泽洛的同伴，却毫无所获。

1531 年，皮泽洛 56 岁这一年再一次从巴拿马启程。这一次他的同伴是三艘配备不完善的舰船、180 人和 27 匹马。征服者们沿水路航行，最后抵达如今的厄瓜多尔，之后他们步行登陆，洗劫了所到的城镇。他们的目的是再次来到通贝斯。然而，到那里之后他们发现这座城市已经荒废。建筑物都已被摧毁，土地被烧焦，人们四散奔逃。皮泽洛明白通贝斯被附近的普纳人摧毁了，并且听说大范围的内战毁掉了这片土地。他已经不期待有更好的消息了。

当他听说阿塔瓦尔帕在距他不到 600 公里的安第斯山脉的卡哈马尔卡享用温泉时，幸运再次降临。这是皮泽洛等待已久的时刻。1532 年 9 月，他带着 110 名步兵和 67 个骑士出发。这些人中很多人是后来的增援部队，可能还有本地盟军部队和奴隶，但数目不详。

虽然两人之间的距离在缩短，但皮泽洛的部队必须穿越一些复杂地形，从塞丘拉沙漠（Sechura Desert）到丘陵地带，再到连马都容易冻伤的冰冷的安第斯山脉地区。这趟行程步履维艰，皮泽洛必须与部下低迷的士气做抗争。

路上他们遇到了一个阿塔瓦尔帕派来的使者，使者邀请他们继续前行。他们离卡哈马尔卡越来越近，穿过狭窄陡峭的通道。随着海拔升高，他们呼吸越来越困难。他们一路上发现了一些无人把守的堡垒——阿塔瓦尔帕没有阻挡他们，对他们的行动似乎毫不在意——他有士兵防卫且刚刚赢得了内战胜利，因此志得意满。也许他觉得自己完全无须惧怕这么一小撮人马。但他太天真了。

最后他们来到了卡哈马尔卡。这是一座中等规模的城市，到处都是石制建筑，中心有一个三角形广场。征服者们了解到阿塔瓦尔帕在城外。皮泽洛四个兄弟中的一个埃尔南多·皮泽洛和一个名叫埃尔南多·德·索托（Hernando de Soto）的士兵被派去和阿塔瓦尔帕谈判。

在印加面临最大的威胁时，内战极大削弱了印加帝国的实力。

德·索托知道自己的战马有多么厉害。他前去炫耀自己的马术，一度径直骑马朝阿塔瓦尔帕走去。但这位印加王泰然自若，虽然他从未见过马。

随后，阿塔瓦尔帕向进犯的西班牙人提出质疑，但埃尔南多非常乐观。他说："我回答说那些人……就像女人一样，一匹马就足以战胜他们了。"

最后，阿塔瓦尔帕同意在卡哈马尔卡广场与皮泽洛相见。皮泽洛身边是自己训练有素、忠心不二的部队。阿塔瓦尔帕身边只有轻装上阵的士兵和未武装的仆人，他的自满无疑是一个严重的错误。

卡哈马尔卡大屠杀

皮泽洛命令手下埋伏在广场四周，让骑士站在外面，枪手藏在附近。毫无防备的阿塔瓦尔帕在广场举行盛大的仪式。三支身着不同服饰的中队走上来，他们载歌载舞。然后一群携带武器的男人走上来，他们头戴金属盘、金银皇冠。阿塔瓦尔帕就在其中。他身着彩色金刚鹦鹉羽毛装，身上装饰着金银盘。

阿塔瓦尔帕遇到一个名叫弗里亚尔·文森特（Friar Vincente）的牧师。他手里握着一本圣经朝着这位印加王大步走去。他向阿塔瓦尔帕传播基督教："我是来教导你的。我教的是上帝在这本书中对我们说的话。"阿塔瓦尔帕不屑地把这本书扔在地上，再一次对西班牙人的入侵提出质疑。这位牧师回到了皮泽洛身边，恳求他出击。

皮泽洛抓住机会。他走上前去，抓住阿塔瓦尔帕的胳膊并大喊"圣地亚哥"！西班牙士兵向广场上毫无防备的印加人展开攻击，在他们试图逃脱时屠杀了他们。盖丘亚贵族瓜曼·波马曾记录接下来发生的事。

他们残暴地杀害印第安人。在爆炸声和战马缰绳上铃铛的铃声中，面对着强大的武器和外邦人的奇异面孔，印加人惊慌失措。敌军人数之多让印加的城墙为之震颤和倾倒。印加人仓皇地从敌人的铁蹄下逃走，很多人在慌乱中被踩死。

多少人在大屠杀中丧生我们不得而知，可能是几百人甚至数千人。西班牙人自此控制了南美洲最重要的部族。

人数不占优势的西班牙人是如何成功擒获阿塔瓦尔帕的呢？他们完美应用了出其不意的招数——不只是发动袭击，而且还利用他们的战马

西班牙士兵向广场上毫无防备的印加人展开攻击，屠杀了他们。

和枪来造成最大的初始冲击。但最重要的是，阿塔瓦尔帕严重低估了西班牙人的能力。

印加人的赎金

阿塔瓦尔帕被锁在一个屋子里。皮泽洛过来的时候提出一个协议：尽可能地高举双手，阿塔瓦尔帕承诺用金银把这间屋子填到举手的高度，从而换取自己的自由（这间屋子如今还在，长 12 米，宽 8 米）。阿塔瓦尔帕向子民下令搜集他所承诺的金银。西班牙人被许可在印加帝国上下随意走动，拿走任何他们发现的金子。

这份赎金让这次探险的所有征服者变得超乎

▲ 阿塔瓦尔帕犯了一个极大的错误。他在面对西班牙人时没有召集全部的兵力

想象地富有。阿塔瓦尔帕始终被囚禁，虽然他还能发出指令，其中的一个指令就是处决瓦斯卡尔。当时瓦斯卡尔还被囚禁在库斯科。阿塔瓦尔帕似乎在囚禁中仍把瓦斯卡尔视为主要威胁。

阿塔瓦尔帕兑现了承诺。但皮泽洛不会放走这位印加统治者，相反他指责阿塔瓦尔帕叛国和密谋反抗西班牙。在一场公开审判中，阿塔瓦尔帕被判有罪。他本应被绑在火刑柱上烧死，但他恳求至少让他换个死法，因为被烧死是违背他的印加信仰的。他同意改信基督教，换取被处以绞刑。

1533 年 7 月，30 岁左右的印加国王阿塔瓦尔帕被处决。这甚至震惊了无情的西班牙侵略者，称它是“我们西班牙人做过的最卑鄙的事”。

瓦斯卡尔被阿塔瓦尔帕处决、阿塔瓦尔帕被西班牙人处决后，西班牙人开始搜寻可扶植的新帝。他们把目光投向了曼科·印加，瓦伊纳·卡帕克的另一个儿子，希望把他扶植为傀儡皇帝。西班牙人来到库斯科，但不断遭到基兹基兹的袭击。西班牙人最后终于进入了库斯科。曼科·印加发誓要成为西班牙国王的委托人。他可能认为西班牙人是自己的盟友，但他不久就将明白西班牙人的虎狼之心。

西班牙人洗劫了这里的一切。但皮泽洛来此的目的不只是烧杀抢掠。海洋是西班牙军队的根本，于是皮泽洛在海岸附近建立了利马市。西班牙人迅速掌握了主动权，禁止曼科·印加离开库斯科。他们毫不顾忌地掠夺和虐待印加人、强暴妇女、消灭敌对势力。紧张局势升级，不久就演化成了全面的冲突。

印加反攻

1535 年初，与皮泽洛发生激烈争执之后，阿尔马格罗带着一支西班牙军队和本地的美洲士兵出发去探索和征服智利。这次出征由他的老朋友资助。随着阿尔马格罗的出走，皮泽洛兄弟控制了库斯科。但曼科·印加有不同的想法。几个月来，他一直在筹划他的下一步行动，下令种植更多庄稼和增加供给，从而供养军队。来自全国上下的壮丁聚集到一起。

1536 年，曼科·印加终于寻到机会逃跑。他告诉埃尔南多·皮泽洛自己要出去为他取回一尊纯金雕像。利欲熏心的埃尔南多放了他。曼科径直找到他的将领，敲定了他们的反攻计划。

有些记载详细介绍了曼科对将领们所说的内容，列出了西班牙人的诸多罪行和他们的邪恶目的："他们的目标是压迫和蹂躏我们，我们只能拱手献上贵金属、女人和牲畜。"

曼科的计划是等待全部部队到来，然后在库斯科和利马同时打击西班牙部队。1536 年 5 月左右，曼科发动袭击。他率领数万士兵袭击了 170 人左右的西班牙驻守军及其数千名本地同盟军。西班牙人没能守住这座城市，被围堵在中心广场附近的一个建筑群里。印加部队烧毁了库斯科城的大部分，不过没能驱逐西班牙首领。印加部队

▼ 萨克塞瓦曼堡垒的城墙依然挺立，这里曾经是宏伟要塞

控制了萨克塞瓦曼堡垒，从而控制了战局。

埃尔南多·皮泽洛意识到问题的严重性，命令其兄弟胡安（Juan）和贡萨洛（Gonzalo）冲破印加的战线，从后方袭击印加的堡垒。他们成功了，但胡安因此受了致命伤，一天后死去。西班牙部队向堡垒发起攻击，占领了城墙。一位印加首领提图·库兹·瓜尔帕（Titu Cusi Guallpa）英勇抵抗。佩德罗·皮泽洛说道：“这位首领像雄狮一样踱步，从塔的一边大步走向另一边……他击退了所有试图登上塔顶的西班牙士兵。”然而，西班牙人和他们的同盟军的数量远远超过守卫的印加人。印加人反击了，但没能守住这座堡垒。

胜利的埃尔南多下令袭击印加在奥扬泰坦博的大本营，但印加人利用高地和改道的河流击退了西班牙部队。与此同时，法兰西斯克·皮泽洛在利马遭遇威胁。他派出五个救援部队到库斯科：四支被消灭，第五支因害怕遭遇同样的命运而打道回府。印加将领奎祖·尤潘基（Quizu Yupanqui）来到利马并袭击了这座城市，但西班牙骑兵在本地盟军的支持下击溃了印加部队。

对库斯科的围攻持续了 10 个月。最后，印加的补给开始减少，士气开始下降。1537 年，阿尔马格罗和他的部队从智利回来了。他们在城墙外击败疲惫的印加人，解除了包围。

新印加国

一败涂地、士气低落的曼科·印加在西班牙军队的追赶下逃到了安第斯山脉的偏远地区。他最终逃到了比尔卡班巴附近的丛林。贡萨洛·皮泽洛穷追不舍，但没能擒获曼科·印加。在偏远的丛林里，曼科·印加建立了新印加国，而西班

▼ 马丘比丘很可能是曼科·印加逃到安第斯山脉时的藏身之地

▲ 阿玛布尔 · 保罗 · 库坦（Amable-Paul Coutan）绘制的法兰西斯克 · 皮泽洛画像。皮泽洛到秘鲁探险时已年过五旬

牙人掌控了剩余的所有地盘。

印加人继续生存了几十年。1544 年，曼科 · 印加被多年前杀害了法兰西斯克 · 皮泽洛的人杀害了。曼科 · 印加的儿子萨伊里 · 图帕克成为新的统治者，但 1558 年他接受了西班牙人提供的金钱、住宅和仆人，同意离开比尔卡班巴。曼科 · 印加的另一个儿子提图 · 库兹（Titu Cus）成为领袖并与西班牙国王谈判，争取印加人被承认为秘鲁的合法继承人。他说：“人的记忆是可以改变的”“我是合法继承人——也就是第一个婚生儿子和拥有合法继承权的儿子。”

提图 · 库兹于 1571 年去世，继任者是图帕克 · 阿马鲁。阿马鲁的统治时间很短。1572 年，一支庞大的西班牙军队最终找到了印加人，粗暴地摧毁了他们最后的据点。这次袭击昭示着曾在南美洲绵延数千公里的印加文明的陨落。这个大洲的超级大国最终还是在疾病、背叛和西班牙人的贪婪中屈服了。

世仇

皮泽洛家族和阿尔马格罗家族世代冲突不断

阿尔马格罗和法兰西斯克·皮泽洛之间的伙伴关系因皮泽洛返回西班牙而发生变化。它引发了一场让两人都因此丧命的争执，并让这种冲突持续了几代。卡哈马尔卡大屠杀后，阿尔马格罗被西班牙政府授予印加帝国南方等地的土地。阿尔马格罗认为其中包含库斯科。然而，皮泽洛兄弟当时已经在库斯科安营扎寨，并且没有准备放弃它。尤其是埃尔南多根本没把阿尔马格罗放在眼里。

阿尔马格罗来到智利。皮泽洛部分资助了这次旅途，作为求和的礼物。但阿尔马格罗回来时夺取了库斯科，擒获了埃尔南多和贡萨洛。法兰西斯克与他谈判，希望他释放自己的兄弟。但埃尔南多想要复仇，于是召集了一支军队来对抗阿尔马格罗。两支部队在拉斯萨利纳斯战役中对阵。阿尔马格罗被彻底击败。之后，埃尔南多审讯并处决了阿尔马格罗。此举让他在西班牙的牢狱中待了 20 年。

阿尔马格罗的支持者没有放弃战争，他们继续支持他的儿子。1541 年，他们密谋在利马谋杀法兰西斯克·皮泽洛。当计划败露后，他们冲进皮泽洛的家将其刺杀。迭戈·德·阿尔马格罗二世（Diego de Almagro II）试图占领秘鲁，但以失败告终。他本人于 1542 年被处死。两家的伙伴关系就此终结。

► 阿尔马格罗看到他的同伴法兰西斯克·皮泽洛夺走了所有的荣耀后愤愤不平，决心采取行动

值得探寻之地

马丘比丘之外的五个令人惊艳的印加遗址

▲ 莫瑞遗址是印加工程技术的卓越代表

1 莫瑞
马拉斯

莫瑞（Moray）是最迷人的印加遗址之一，位于遥远的神圣谷，是一处考古遗址。乍一看，那里的同心圆形梯田让人忆起古罗马的露天剧场。不幸的是，这个独特设计的用途至今不得而知。然而，这处遗址的选址意味着它是为特殊目的而建造的，最可能的就是用来试验在不同高度种植庄稼（不同高度的温度有所变化）。耐人寻味的是，莫瑞遗址从未发生过洪灾，这意味着梯田下面可能有一个排水系统。希望了解莫瑞遗址历史的游客可以加入有导游的旅游团，但记得要在白天游玩，因为晚上这里就没有光线了。还有一点值得注意的是，马拉斯盐田位于这处遗址附近。如果有时间，也可以快速游览一番。

每周开放 7 天，开放时间：早 7:00—下午 6:00。可以在库斯科购买库斯科旅游通票进入，优惠票价 130 索尔[1]。

1　秘鲁货币的基本单位。

▲ 印加皮萨克遗址有绝佳的山顶视角

2 印加皮萨克

皮萨克

皮萨克堡垒建在一座山顶上，拥有俯瞰皮萨克城的绝佳视角。印加皮萨克遗址每年吸引数千游客前来。堡垒位于神圣谷。据说这个考古遗址形似一只鸟。“皮萨克”这个名字衍生自盖丘亚语中的“Pisaca”，意为鹧鸪。这处遗址是秘鲁保存完好的遗址之一。遗址分为四个部分：皮萨克、因蒂瓦塔纳（Inti Watana）、夸拉夸萨（Q' allaqas）和金池拉奎（Kinchiraqay）。古印加人利用这座堡垒进行宗教、军事和农业活动。堡垒里面有寺庙建筑群、仪式浴室、住宅区、农业梯田，甚至还有印加最大的墓地。堡垒距库斯科只有一小时车程，是一日游的理想去处。还有吸引人的一点是，这里有一个非常著名的面向游客的市场。

每周开放 7 天，开放时间：早 6:00—下午 5:00。可以在库斯科购买库斯科旅游通票前往，优惠票价 130 索尔，也可现场买票。

▲ 如果喜欢徒步，那么萨克塞瓦曼是绝佳的去处

3 萨克塞瓦曼堡垒
库斯科

人们普遍认为，这座令人惊艳的印加堡垒完建于托帕 · 印加统治时期。堡垒紧邻库斯科城，距库斯科车程 10 分钟，步行 45 分钟。这座堡垒以其密实的石墙著称。每块石料被切割成不同形状并牢固衔接，没有使用灰浆。萨克塞瓦曼堡垒印证了印加人精巧的工艺。建造这座堡垒动用了两万多名劳工。石料取自附近的采石场。不幸的是，只有 40% 的原建筑保留至今。古印加人用萨克塞瓦曼堡垒举行仪式。1536 年的一次战役期间，西班牙人曾把这里当作据点，印加王曼科 · 印加在围攻库斯科时成功抵御西班牙人的袭击。然而，西班牙人夺得对库斯科的控制权后，用萨克塞瓦曼堡垒的石料以西班牙风格重建了这座堡垒，只留下了矮墙和塔的巨大石料。留下来的遗址成为印加历史上最重要时刻的标志，是那些希望了解这个伟大文明之人的必去之地。在萨克塞瓦曼，值得一游的遗址还有附近的塔姆博马柴（Tambomachay）、肯可（Qenqo）和普卡普卡拉（Puca Pucara）。

每周开放 7 天，开放时间：早 7:00—下午 5:30。可购买库斯科旅游通票（130 索尔）或库斯科旅游半票（70 索尔）入内。

4 丘克基拉奥考古公园

卡瑟里欧马拉姆帕塔

丘克基拉奥（Choquequirao）印加遗址是秘鲁最偏远的遗址之一，因其建筑风格与马丘比丘相似，常被称作马丘比丘“不知名的孪生兄弟”。但丘克基拉奥比马丘比丘大得多，海拔也更高，因从未被西班牙入侵者发现而保存完好。遗址四周环绕着一个远古灌溉系统和各种印加石制建筑。它的用途可能是一处检查站，古印加人需要经过这里进入维卡巴斯（Vilcabamba）丛林。游客可以在这里看到寺庙、神龛、房屋和浴室，但强烈建议各位出发前预先做好计划，因为

▲ 对探险者来说，丘克基拉奥是一个充满挑战的地方

这里地处偏远，游玩需要两天时间。对这处遗址的挖掘始于约 40 年前。目前大约只有 30% 到 40% 展现在世人面前，仍有很多奥秘有待开发。

全年开放，旱季（4—10 月）最适合游玩。

▲ 奥扬泰坦博拥有印加保存最完好的遗迹

5 奥扬泰坦博

奥扬泰坦博城是由帕查库蒂占领并重建的。他在这里修了宏伟的神殿山（Temple Hill），又称堡垒。山上有用来耕种的梯田、一个灌溉系统和石屋。这处遗址因作为曼科·印加与西班牙人对战的最后一个据点和要塞而知名。这里有一个军事据点，位于山顶，印加将士可以在此眺望敌军何时到来。然而，奥扬泰坦博最后被法兰西斯克·皮泽洛和他的手下占领。他们逼迫曼科·印加撤退到比尔卡班巴的雨林。曼科在那里创立了新印加国。游客可以在这里看见大量的堡垒结构，包括石屋和公主的浴房（沐浴仪式在这里举行）以及其他一些破碎的遗迹，如太阳神庙、10 个神龛的围栏和“六块巨石之墙”。据说这座山上雕刻的人脸是印加创世神维拉科查。这些遗迹展示了秘鲁最壮观的景色。奥扬泰坦博还是游览标志性的印加古道的起点。每年游览印加古道的游客有数千人。

每周开放 7 天，开放时间：早 7:00—下午 6:00。可购买库斯科旅游通票或半票入内。

▲ 秘鲁神圣谷是盖丘亚文化的现代核心

印加的遗产

从现代安第斯人的生活中仍然可窥见这个强大帝国的影子

爱丽丝 · 巴恩斯 · 布朗

库斯科是南美洲最具活力的城市之一，热闹非凡，位于安第斯山脉的高处。游客们用自己的东西交换羊毛斗篷，用在远行途中；而大厨们滋滋啦啦地烹饪着辣味炖菜和西红柿大餐。这全然是现代的场景，但印加帝国的遗产无处不在。作为印加帝国的首都，库斯科在音乐、烹饪、语言、艺术和建筑领域都布满了本土的印记。这里也是印加古道的起点。

在将近 80 公里远的地方，繁华的广场和充满各种美食的街道之外矗立着马丘比丘，一座已经荒废了的山顶堡垒。那里有 200 多座令世人惊叹的印加风格建筑。干燥的石墙、台地和寺庙

▲ 印加人工于纺织。纺织业是南美洲的旅游贸易之一

是南美洲真正的地标性宝藏之一，经常出现在明信片、电影和无数的旅游手册中。人们蜂拥而至，只为一睹它的真容。

从 1911 年马丘比丘再次出现在世人面前起，这里的看守人始终为是要接待日益增多的游客还是保护这里独特的建筑而争论不休。马丘比丘是秘鲁最受欢迎的景点，每年有超过 150 万人来这里游玩，由此创造的收益对这个国家至关重要。但如此大的游客量给马丘比丘带来了结构和生态两方面的损坏。因此 2011 年，政府采取了限制每日访问量的方法来控制游客人数。有人说这还远远不够。

那些长途跋涉步行来到马丘比丘的人可能会走完标志性的印加古道。现代的远行路线建在印加道路网的一段路上。人们认为印加古道从如今的哥伦比亚一直通往多山的阿根廷门多萨（Mendoza）。这条古路的很多部分保存了下来，如今仍用作小路和公路。

印加道路网不仅躲过了西班牙的侵犯，还经受住了几个世纪的磨损，这充分体现了修建印加古道时用到的精湛技艺和高度精心的维护。和印加帝国的很多遗迹一样，如今南美洲各国的政府都在努力维护印加路网，避免其损坏。和马丘比丘不同，政府积极鼓励游客去游览伟大印加古道中不那么著名的路段，从而筹款用于维护和修复这些路段。2014 年，联合国教科文组织将印加道路网作为文化遗产列入《世界遗产名录》。印加道路网横跨 6 个国家，

那些长途跋涉步行来到马丘比丘的人可能会走完这条标志性的印加古道。

在遍布 6000 多公里的范围内包括了 273 个遗址。

另一个被联合国教科文组织认定的印加宝藏是他们流传下来的充满活力的纺织传统。起源于南美洲的羊驼毛和几何图案深受全球青睐，如今已从印加文化中走出来，在全球主要商业街的店铺中售卖了。即使是在古印加时期，印加的时尚也因其高度程式化的动物图案和精湛的工艺而著名。这种技能如今被很多秘鲁人传承下来，尤其是在神圣谷这样的地方。那里的妇女开办工作室，把古印加的知识传给下一代，并向感兴趣的游客介绍。

印加的食物也被出口到国外，在全球范围内被享用。印加人种植土豆，土豆是当地的主要作物。印加人种植出了辣椒、西红柿、花生和藜麦，我们才得以大享口福。然而，它们也不仅仅是美味佳肴。我们如今使用的很多调料是印加人的珍贵药材。具有抗疟疾功效的奎宁（Quinine）取自金鸡纳树（Cinchona tree），这种树是秘鲁

▲ 印加古道上的前哥伦布时期文化遗迹

的特产。

西班牙人可能曾试图扼杀印加文化，但印加文化的一部分还是在秘鲁、玻利维亚等国数以百万计的盖丘亚人中存活下来。南美洲土著继续举行印加传统宗教仪式。如果在 6 月 24 日访问库斯科，就会沉浸在太阳节庆祝活动中，750 名盖丘亚演员将共同演出敬拜太阳神的传统节目。

印加的语言盖丘亚语对这个地区具有重要影响。秘鲁的很多地方和常用的地名都源自盖丘亚语。盖丘亚语于 1975 年被认定为秘鲁和玻利维亚的地区性官方语言。然而，盖丘亚文化繁荣发展时，压迫和殖民也在进行。当地人经常面临粗暴对待、政治排斥，甚至被本地政府强制绝育。

印加没有留下任何书面历史记录（其他形式的证据都被殖民者系统地销毁了），这意味着我们对印加的了解是不完整的。但这种难以被忽视的真相加深了我们对这个古代帝国的好奇。他们所在社会持续的神秘感让现代人疯狂地发挥想象。被毁的神秘印加城市出现在书本里、电影屏幕上，甚至电脑游戏中。在现实世界里，被遗弃的印加寺庙和城镇不断吸引着想要一探究竟的游客。我们可能永远无法揭开印加的全貌，而这正是印加人制胜的秘诀。

▲ 来自世界各地的游客都前来踏上了印加古道

图片所属

8—11页	© Alamy, Getty Images, Wiki: Den Kongelige Bibliotek
12—15页	© Alamy
16—18页	© Alamy; iStockphoto
19页	© llustration by: Kevin McGiver
22、23页	© McKay Savage CC BY 2.0 (fortress Cusco)
25—27页	© Pedro Szekely CC BY-SA 2.0 (Machu Picchu), Emmanuel Dayn CC BY 2.0 (Sacred Valley)
37—41页	© Alamy, Getty Images, Wiki, Thinkstock
54—57页	© Alamy, Getty Images
68页	© GETTY, ALAMY
70—73页	© Dr William Hyland
76—79页	© Getty Images; Wiki/Noahedits (CC BY-SA 4.0); Alamy
80—82页	© Alamy
99页	PHOTOS: ALAMY; GETTY IMAGES
100—103页	© Insights/SOPA images/Getty Images
106、107页	© Alamy
108—119页	© Getty
120—123页	© Getty, Alamy
126—131页	© Getty Images
134—137页	© Alamy, Getty Images, Wiki: Forest & Kim Starr
143—147页	© Alamy, Getty Image
150—155页	© Alamy
156—159页	© Alamy (mummy, Cusco, Atahualpa's victory); rest Getty Image
160—163页	© Getty Images (funeral, priests, conquistadors); rest Alamy
164—167页	© Getty Images, Alamy
182、183页	© Alamy, Getty Images
188—191页	© Getty Image